"慧"聚爱的力量

讲述新样态学校的成长故事

郝玉芹 著

中国海洋大学出版社
·青岛·

图书在版编目（ＣＩＰ）数据

"慧"聚爱的力量：讲述新样态学校的成长故事 /
郝玉芹著. — 青岛：中国海洋大学出版社，2023.10
ISBN 978-7-5670-3665-9

Ⅰ．①慧… Ⅱ．①郝… Ⅲ．①小学教育－文集 Ⅳ.
①G62-53

中国国家版本馆CIP数据核字(2023)第197734号

"慧"聚爱的力量：讲述新样态学校的成长故事

HUIJU AI DE LILIANG：JIANGSHU XIN YANGTAI XUEXIAO DE CHENGZHANG GUSHI

出版发行	中国海洋大学出版社			
社　　址	青岛市香港东路 23 号	**邮政编码**	266071	
出 版 人	刘文菁			
网　　址	http://pub.ouc.edu.cn			
电子信箱	1193406329@qq.com			
订购电话	0532-82032573(传真)			
责任编辑	孙宇菲　　刘 琳	**电　　话**	0532-85902349	
印　　制	青岛育才印刷有限公司			
版　　次	2023 年 10 月第 1 版			
印　　次	2023 年 10 月第 1 次印刷			
成品尺寸	170 mm × 240 mm			
印　　张	15			
字　　数	210 千			
印　　数	1—1000			
定　　价	139.00 元			

写在前面的话

您好！

很有幸您能够读到我的"心声"。我是郝玉芹。2023 年，是我在青岛市城阳区国城小学工作的第 8 个年头，也是我校长生涯的第 8 年。8 年的国城小学工作经历承载了我太多的情感。他像一个孩子，从嗷嗷待哺到牙牙学语，我看他一点点长大，摔倒了会哭，长高了会笑，他喜我喜，他忧我忧……

这所年轻的学校从创建之初到发展至今，虽跌跌撞撞却一路向阳。王阳明说："越是艰难处，越是修心时。"当校长的过程是一场修心的旅行，既修我的心，亦修学生的心。先做人再做学问，学校是教育人的场所。在国城，每一次经历、每一次活动，我们总要先思考初衷是什么；是不是对学生的思想有启迪，对他们的精神有指引。如果有，哪怕是一星半点，我们就很成功，这样的经历就是有价值的经历。

学校是教育人怎么去"爱"的场所。爱是中国文化得以传承的精神根源。苏霍姆林斯基说："没有爱，就没有教育。"学校是亲子之爱的补充，是师生之爱的衍生，是朋友之爱的支撑，更是爱人、爱国、爱世界的重要载体。建校伊始，我选择将"慧爱"作为学校的文化发展方向，让学生在爱的基础上学会如何智慧地爱，懂得明辨是非和心怀感恩。做"慧爱"教育是我的初衷，也是我一直坚持的事情。"慧爱"不仅体现在学生培养上，也融入学校管理、教师成长等各个方面，让每一处文化能育人，让每一位老师爱学生，让每一个孩子能发展。

我常常在想：在这盘教育的大棋中，一个校长真正的作用在哪里？一个好校长是能俯下身子做牛马、直起肩膀顶天地的人。在这方文化的舞台上，我是策划者、实施者，亦是受益者。简单来说，我的一言一行、一举一动影响着学生的成长。在这个固牢根基的关键时刻，我深知自己肩负的使命重大。人的能力是有限的，但"爱"是无限的，教育的潜能亦是无限的，而我所追求的正是用这有限的能力和无限的潜能，将学校打造成为孩子们向往的乐园。

有人说，教育理论有两种。一种是理论本身，另一种是实现这种理论的理论。

作为基层教育管理者，我产生不了理论本身，只是在探索实现这些理论的理论。比如，"'慧爱'文化体系、'风雅'课程体系"是一种理论，而要实现这一理论，就需要"如何贯彻'慧爱'文化体系、如何实施'风雅'课程体系"的理论。在与国城小学的8年相处中，我最大的收获便是明白了：理论本身的教育价值体现的如何，取决于是否对后一种理论进行探索与丰富。因此，我和团队做得最多的事就是学习并正确理解别人的思想；内化并超越别人的思想；建立自己的系统化教育理念。于是，在不断的摸索和内化中，我们有了很多故事，我们见证了许许多多的感动，我也有了写下这本书的念想。坦率地说，写这本书是为了描绘我们"国城人"共同的心愿，为国城美好的未来种下希望的种子。

愿这所我倾心付出的学校"慧"聚着爱的力量，在未来的成长中继续释放巨大的能量。勉之期不止，多获由力耘。希望所有"国城人"与爱为伴，风雅前行！

郝玉芹

2023 年 3 月

青岛市城阳区国城小学简介

　　青岛市城阳区国城小学成立于 2015 年 9 月，于 2019 年 7 月正式挂牌青岛大学城阳附属小学。2023 年，学校成立城阳区国城教育集团。学校总占地面积 42408 平方米，现有 98 个教学班，师生 5000 余人。学校由慧爱楼、蕴德楼、启智楼、风雅楼、文化传媒中心、阳光健体中心、艺术发展中心 7 座主楼组成，配有未来教室、陶艺室、管乐厅等多个功能教室。学校先后被教育部授予奥林匹克教育示范校、校园冰雪运动特色校荣誉称号，获得全国青少年校园足球特色学校、全国德育创新基地学校、全国家长学校建设实验学校、山东省中华经典诵吟特色学校、青岛市中小学五星级阳光校园、青岛市文明单位、青岛市中小学心理健康教育示范校等近百项区级以上荣誉称号。

　　学校秉承"风雅国城，慧爱童年"的办学理念，打造"慧爱"教育。确立"国风、雅城、慧爱园"的办学目标，围绕"文之风、德之雅""慧之风、思之雅""美之风、健之雅"六大核心素养，从人文与品德、数学与科技、体育与审美三大课程领域入手，构建"风雅"课程体系，努力培养"学识卓雅，品性高雅，举止优雅"的慧爱少年。

　　在"阳光城阳"理念的引领下，学校以打造阳光校园为目标，逐渐彰显体育、艺术、科技、国际人文交流四大特色。在体育方面重拳出击，羽毛球、足球、篮球、击剑、冰上项目、棒球、武术等多项体育社团焕发蓬勃生机！作为最早拥有攀岩基地的学校，国城攀岩小将在山东省第九届全民健身运动会攀岩比赛混合少年组中捧回了 8 枚冠军奖牌；获得山东省中小学体育联赛羽毛球比赛小学组混合团体冠军；国城小将入选 2023 年中国乒协国少队进行集训！艺术花开遍地，舞蹈、管乐、朗诵、合唱等艺术社团在"区长杯"比赛中多次获得一等奖，舞蹈团走进央视舞台，原创舞蹈连续两年获得山东省"小飞天"奖儿童舞蹈大赛一等奖，更在十一届、十二届"小荷风采"全国少儿舞蹈展演中崭露头角！科技创新思维，学校充分发挥未来教室创新优势，开设 3D 打印、机器人、无人机、小颗粒动力课程等特色项目，学校在首届山东省青少年科技节机器人大赛（青岛赛区）中荣获第一名，荣获"'科创筑梦'助力'双减'科普行动"试点单位荣誉称号。人文交流走向国际。作为全区唯一的双语实验学校，青岛市国际人文交流合作特色学校，学校开展中美学生"线上话中秋"活动，采用国外教授课形式提升学生口语表达能力，开发"牛津英语话中国"戏剧改编课程，引导学生用英语讲好中国故事。

以个性成长为根，以全面发展为果。学校坚持以"蕴德课堂"为依托，打造先锋中队，传承红色基因；立足中华优秀传统文化，打造中药园实践阵地，挖掘吟诵特色，山东省特级教师韩立菊助力学校吟诵课程发展；坚持以劳促教，开辟"两园三场"劳动基地，创新"风味国城，每日一菜"主播专栏，几百期的平台宣传培养学生多方面的能力，学校在全国劳动教育发展论坛（青岛）暨青岛市劳动教育现场会中大放异彩；做好"五育融通"，实现"三全育人"，学校正努力培养德智体美劳全面发展的社会主义建设者和接班人。

当国城遇上智慧教学

大千世界，相遇就是缘，我和刘晓中教授的缘分可以追溯到16年前。2007年，我还是城阳区流亭小学一名普通的音乐老师。一次偶然的机会，在东北师范大学主办的全国多媒体教学活动选拔赛中，我与晓中教授相识。正因为他的帮助，我才有机会站上全国的舞台。后来，听说晓中教授做起了"智慧教学"，虽未能亲耳聆听，但仅仅从网络中获取的只言片语便让我心驰神往。岁月如梭，缘分让我们在9年后再次相聚。国城小学建校初期，学校文化建构尚未成体系，急需专家指导。他就这样带着"智慧教学"解了我的燃眉之急。2016年秋天，晓中教授走进国城小学，对学校的"慧爱教育"进行把关。他从学校教育、思维形式、智慧教学、综合素质、学习能力、学科能力等几个方面对学校发展提出宝贵意见。在晓中教授的指导下，我们顺利加入了智慧教学的队伍。

2017年5月，国城小学成立由20人组成的全国智慧教学精英团队参与智慧教学全国骨干教师培训班、全国智慧教学与教师成长教研培训班等活动。在近10个月的智慧教学引领下，我们走进郑州，与专家进行思维碰撞；在广州顺德，我们团队打造的语文课和英语课崭露头角；在合肥一站，年轻教师们的课堂教学又有了新的提高。教师在课堂锻炼中不断进步。

再后来，全国智慧教学与教师发展教研培训在国城小学举行，我们看到了不同地区的教师展现的智慧教学。成果智慧教学的定位是培养能力，这种别具一格的教学让我们的多感官课堂异彩纷呈，让我们的课堂更具智慧。加入智慧教学大家庭就像一场及时雨，我很感激晓中教授为学校发展搭建的广阔平台，真正让我们将"引进来"和"走出去"落地结果。

我敬佩晓中教授，他的人格魅力使我折服。他是一个很会讲故事的人，更是一个聚合智慧的优秀专家。2023年，晓中教授邀请我参加"智慧教学大讲堂"。我很荣幸，也很高兴有这样的机会将学校的智慧教学发展情况向晓中教授汇报。他是国城小学的启蒙恩师。

交流是最好的老师。智慧教学告诉我们，无论相隔多远，只要我们勇敢迈出第一步，坚持相向而行，就一定能走出相遇相知、共同发展之路，聚合智慧，合作共赢。国城小学将走向幸福安宁、和谐美好的远方。

时光不负教育梦，光阴荏苒忆初心

　　我与郝玉芹校长结识于 2007 年全国基础教育信息化发展论坛暨成果交流会。在全国优秀课例成果展示中，我被一位优秀的音乐教师所吸引。她卓越的音乐素养和优美的艺术表演获得了现场专家和教师的一致好评。我记住了她的名字——郝玉芹。"芹"具有内心坚忍、勤奋苦读的深刻含义。名如其人，郝玉芹校长的教育之路，如同名字所寄寓的一样，一步一个脚印，从一个平凡普通的音乐教师成长为青岛市城阳区国城小学校长。

　　一位好校长可以成就一所好学校。郝玉芹校长的"郝"（好），不仅在于她的姓氏，更在于她的人格魅力。郝玉芹校长是一位心中有爱的校长，她致力于打造有爱的学校。2016 年，青岛市城阳区国城小学建校伊始，我有幸被聘为国城小学学校发展指导专家，参与了学校教学改革顶层设计工作，在与郝玉芹校长的教育思想碰撞中，确立了国城小学"慧爱"教育的办学定位。"慧"是用心思考，"爱"是用心关怀，这是郝玉芹校长教育之路上的执着追求。正是这份执着的教育情怀，滋养了国城小学延绵不绝的发展潜力。从国城小学成为全国智慧教学共同体学校，到国城小学教师参加全国智慧教学培训，再到学校承办全国智慧教学教研活动，在郝玉芹校长的带领下，青岛市城阳区国城小学通过 8 年时间，迅速成长为青岛市城阳区名校，跻身全国有影响力的学校之一。

　　随着智慧教学理念在全国智慧教学共同体学校的深入践行，2018 年 8 月 18 日，我开始举办智慧教学大讲堂，旨在交流中国优秀校长的教育智慧，推广中国优秀学校的教学成果，促进中国学生能够智慧成长。2023 年，在第 235 期智慧教学大讲堂上，郝玉芹校长与来自全国 10 多个省的优秀校长、优秀教师及教育专家，分享了她多年的教育经验，并且进行了现场研讨。通过交流，我们感受到当代女性教育领导者独特的思想，细腻而果断，睿智又柔情，这些优秀品质在郝玉芹校长身上都得到了很好的体现。

　　郝玉芹校长书中的内容涵盖了学校管理的多个方面，有学校文化、教师发展、学生成长及家校共育等。这些文章被"爱"紧紧包围，没有过多的华丽辞藻，有的只是一个个小故事和对教育的感悟。平和的文风令人在阅读时沉浸在美的感受中，在典型事例中深入领悟教育的真谛。阅读本书，或许能给更多的校长以有益的启示，这也是本书出版的意义所在。

在此由衷为郝玉芹校长的著作出版感到高兴，并祝愿郝玉芹校长的教育之路一切都好！

全国中小学智慧教学系统研究专家刘晓中教授

2023 年 7 月

目录|CONTENTS

第三章　我们的双向奔赴

第四章　一起见证的幸福

第五章 我和你们的独家记忆

第六章 多彩的成长

第七章 对的时间遇见对的成长

第八章 闲文偶得 流年碎影

学校专题汇报

附 录

初遇国城

慧爱文化理念的缘起

　　伴随着熟悉的旋律，一首《国城欢迎你》唱响校园。听着欢快的歌，我的心里有种说不出的感觉。现在，我站在偌大的慧爱广场，觉得天旋地转，酸甜苦辣百般滋味涌上心头，不禁感慨万事开头难。

　　2015 年，对我来说是不平凡的一年。这一年，为了缓解区域的招生压力，一所学校拔地而起，作为青岛市城阳区第二实验小学的分校，我在这里开启了校长的职业生涯。我满怀期待地看着这所"属于我"的学校，有过忐忑，更多的是对未来的憧憬。现实的挑战让我从幻想中醒来。没有家长愿意把孩子送到一所没有任何基础的学校。我看着学校大门口。就在前几日，那么多的家长举着横幅在这里向学校发泄

国城小学一隅

着自己的不满，他们似乎希望通过这样的方式让我这位还没上任的校长退缩，可是，他们却忽略了我的勇气和坚持。

我为新生设计了一场特殊的欢迎仪式。学校的大屏上循环播放着《国城欢迎你》宣传片，那是我亲自指导完成的作品。镜头里，优美的校园环境，窗明几净的教室，仿佛跳动着新的力量，那是"爱"燃烧的火焰。因为有爱，我们有了自己的名字——国城。

"爱"虽然是老生常谈的话题，却也是行之有效的方式。无论是苏霍姆林斯基眼中的"没有爱，就没有教育"，还是陶行知讲的"爱满天下"，爱是整个教育的文化，是所有教育的出发点。我们有爱，才能打动200多位学生家长的心。我更希望这些学生在国城小学感受爱的氛围，将爱作为一种品德、一种能力、一种智慧，学会爱、绘出爱、汇聚爱。于是，开学初，我便确立了"慧爱"文化发展方向。

慧，由"彗"和"心"构成。从心，彗声。"彗"字表示用草制作扫帚。心里想到把无用的野草变成有用的扫帚就是智慧。这个字的造字原理中蕴含着古人的务实精神。

《说文》："慧，儇也。"其有精明之意，是智商与情商的结合，是智慧、科技和人文的统一。同时，"慧"同音"会""汇"和"绘"，启迪学生在"学会爱"的同时，将智慧的爱汇聚起来，启智养慧，爱润童年，用自己的实际行动描绘属于自己爱的天地。

同时，我们在专家的指导下，碰撞思想，共同打磨，完成了对校训、校风和校徽的解读。

国城小学"一训三风一徽"解读

校训	慧心　慧行　慧人生 爱人　爱国　爱世界	学会有智慧地爱，拥有至纯至善之心，以实际行动汇聚爱、献出爱，拥有智慧人生；从自尊自爱，感恩父母，帮助朋友的"爱人"到培养家国情怀的"爱国"再到以开放包容的心态学习世界文化的"爱世界"，爱的内涵在不断升华
校风	精彩融汇　携爱共进	融汇学生多彩童年，引领学生多样发展，让学生在爱的城堡里健康快乐地成长
教风	博文　约礼　润于心	教师既要有广博的知识，深厚的文化底蕴，又要以身作则，约束行为，明礼而明理；潜移默化中将对学生的慈爱、严爱内化于心

学风	静思　灵动　慧于行	静若处子，动若脱兔，思考时耐心认真，行动时迅速果断，这是学生应该做到的一种习惯，以此达到陶行知所说的"知行合一"
校徽		国城小学校徽由四颗爱心手拉手共同构成：爱心象征着学校的"慧爱"文化体系，时刻让学生们在爱的照耀下健康成长；四颗爱心手拉手相连则代表着学校、学生、家长、社会形成教育合力，共育慧爱少年
校服		国城紫，也称为清华紫，它是国际蓝和中国红的结合；学校将与校徽颜色一致的国城紫色融入校服底色之中，让校服成为行走的校园文化，更好地展现了国城学子"学识卓雅、品性高雅、举止优雅"的慧爱少年形象

以风雅课程　育慧爱少年

　　开学半个多月了，我每天都忙于各种繁杂的事务中。一所新学校的开端往往是不易的，没有制度、没有规则，尤其是没有形成自己的文化，这是我最迫切想要解决的问题。没有文化的内因，学校就缺少了赖以发展的精神支撑，自然也无法衍生出创造性的课程。

　　我常常思考，国城小学到底要培养什么样的学生。学校建立的初衷是为了缓解区内的招生压力。虽然顶着老牌学校实验二小分校的头衔，但是一切好像并不顺利，且不说家长对新学校有疑虑，生源的差别让我自己都产生了怀疑。

　　建校初期，我们秉持着"慧爱"理念，希望学生学会爱，凝聚爱，汇出爱，但是后来我们发现，光有爱是不够的，因为这是一群并不"简单"的学生。因为父母忙于工作，他们缺乏照顾，有时候一个周不换一套衣服，衣着不整，缺少礼仪。这种最直观的印象深深刺痛了我。一个人的成长成才，知识在后，做人在先，正所谓"一屋不扫何以扫天下"，培养学生亦是如此。干净的外在亦给人探寻诚挚内心的欲望，这应该是什么样的少年？答案呼之欲出，却又戛然而止。

　　我试图在校园里寻找答案。正值凉秋，校园里美极了，金黄的银杏叶铺满校园。三五个孩子围坐在一旁，竟是在图画本上勾勒银杏叶的形状。我走近一看，才发现这不仅仅是一片叶子，呈现在学生画笔间的是一颗颗爱心的形状，一把把扇子的模样。多棒的想象力啊！自古以来，扇子成为文人墨客谈吐风雅的象征。翩翩少年郎，折扇手中扬，这该是多么优雅的人啊！这不就是我期待中的国城学子的模样吗？以"雅"立身，学识卓雅，品性高雅，举止优雅，"雅"文化是我灵感迸发的产物，更是我想要抓住的东西。

　　在陈如平、李晨红、刘宪华等众多专家的指导下，学校最终在"慧爱"文化的基础上确立了"风雅"课程体系。

　　"风雅"一词源自《诗经》，指外貌或举止端庄高雅。古人习六艺，《周礼·地官·保氏》有言："保氏……养国子以道，乃教之六艺，一曰五礼，二曰六乐，三曰五射，四曰五御，五曰六书，六曰九数。"这是古人慧心雅行的关键，也是我们要传承创新的教育真谛。

在如今的时代里，"风雅"的内涵日益丰富，这是对文明的萃聚、传播和践行。它不仅代表着一种修养和内涵，也包括"六艺"的古朴风雅，更要求教育融入世界的气度和眼光，做到中国"风雅"和国际"优雅"的有机结合，使学生具有家国情怀、文化底蕴、大家风范和国际视野。因此，我们也为学校名称赋予了"国之风 雅之城"的新内涵，努力培养学识卓雅、品性高雅、举止优雅的慧爱少年。

银杏树是国树，代表着中国风，有着"一生二，二生三，三生万物"的寓意。于是，我们以植物界的活化石银杏之叶为课程结构图。银杏树，枝繁叶茂，每一片叶子都各具其美，富有特点，正如我们的学生个性多样、兴趣丰富，而老师和家长就是提供养分的树根和枝干。银杏树就像我们的师生，扎根于国城教育的沃土，在阳光下苗壮成长，记录着国城的起始和成长，传承着国风和雅行之爱，体现着城阳区"阳光教育"的宗旨。我们的课程设置在理念的引领下，力求让每一个学生在多元的课程中学有所得、学有所长，促进学生最大化的可持续发展。

风雅课程体系是以基础课程、拓展课程、选择课程和综合课程为纵轴，以"文之风、德之雅""慧之风、思之雅""美之风、健之雅"六大核心素养为横轴，从人文与品德、数学与科技、体育与审美三大课程领域入手，培养学生学雅、卓雅、趣雅、精雅、博雅和润雅的"六雅"品质。

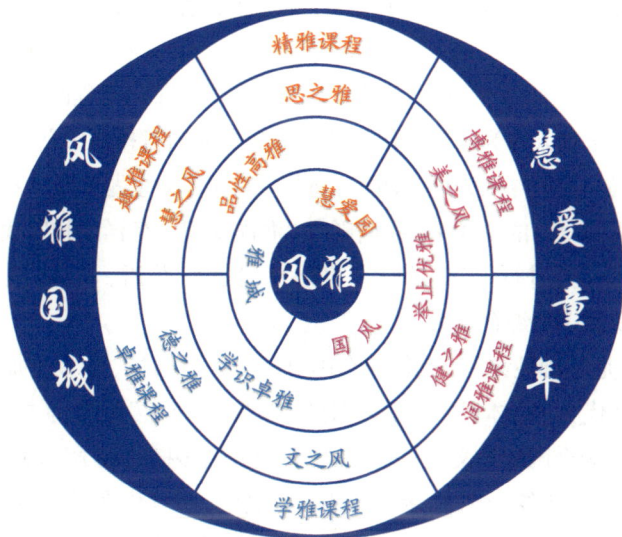

学校慧爱文化体系图

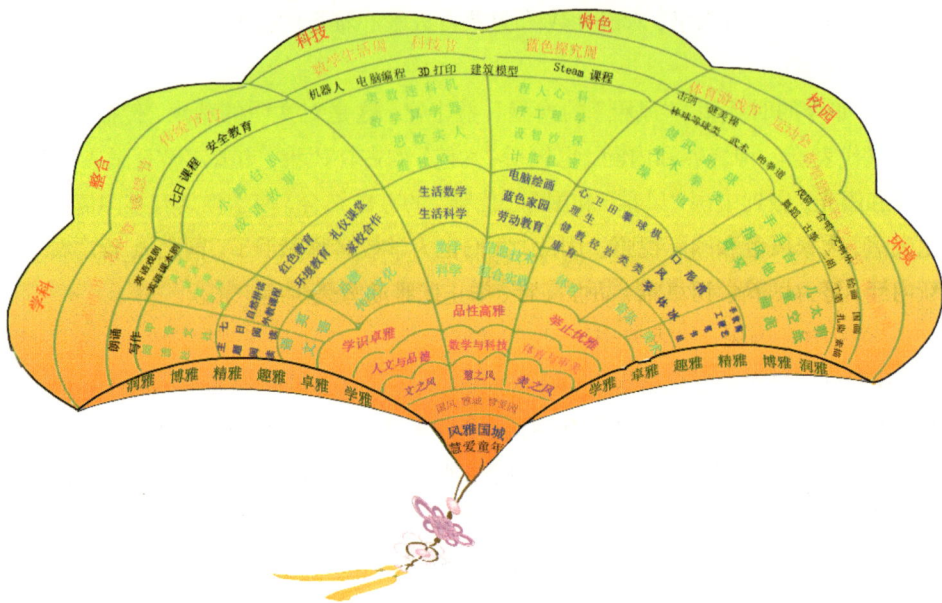

学校"风雅"课程体系图

（一）学雅课程，常规设置规范化

学雅课程是国家规定的基础性课程，包括语文、数学等11门课程，旨在落实好国家规定的核心知识和核心能力以及情感、态度、价值观的培养。基础课程是国家规定的"正道之学"，《孔丛子·与子琳书》中"雅学绝伦"便为培养学生学而不厌的"学雅"品质。

教育部课程教材研究所所长田慧生认为，要全面深化课程改革，把跨学段整体育人、跨学科综合育人作为重要工作任务。作为中国创新教育研究"十三五"规划重点课题科研单位，我们深入开展以四季、感恩、海洋等为主题的跨学科课程整合的探索。其中，在探秘海洋的主题中，我们围绕"海洋知识""海洋生物""我和大海""海上运动""海洋资源"等进行了学习研究，将语文、数学、英语、科学、美术和音乐等学科融为一体，发展学生综合能力。

国家课程是基础性课程，其依托全国百班千人实验校、积极参加主题阅读课程建设，通过以文代文、整体识字等7种课型，以"3人小组"合学为方法，不断提高教师语文素养。作为全国数学文化实验学校，积极开展多样的数学活动，如"数说百年"系列活动，融演讲、手绘、微课、歌曲等于数学之中，让学生在学习中积极探索，在探索中不断体验到数学的乐趣和美感。作为 青岛市国际人文交流合作特色学校，国城小学与国外的师生进行了中美学生"线上话中秋"交流活动。美国教师为国城小学的学生讲授英语口语课程；学校的自然拼读课如火如荼地开展；教育戏剧与课程相结合，通过改编戏剧活动引导学生发挥想象力和创造力，用英语表达中国故事。

（二）卓雅课程，校本开发多元化

卓雅课程是根据区域课程与学生需要而开设的校本课程，旨在巩固基础知识，提升多方面能力。卓雅课程针对每个年级的具体情况而开展，普及性的特色课程使每个学生拥有特长，让他们在学习中孕育卓尔不凡的"卓雅"品质。

七日诵读课，使语文学科知识系统化、体系化地呈现，提高学生素养。"牛津话中国"课程——用英语讲中国故事，培养学生家国情怀。一、二年级的卓雅课程——象棋、围棋、攀岩、乒乓球等深受学生喜欢。学生们在棋盘上彰显运筹帷幄的文雅风范；在攀岩基地培养勇攀高峰的精神；在乒乓球台前，一道道抛物线筑就最美的身影。三、四年级开设击剑、篮球课程，奔跑、跳跃，学生们在绿荫下追逐梦想。除了排球外，五、六年级的校本课程增加了冰上运动——速滑，学校配有专门的冰上项目活动基地。

在艺术方面，我们开设了形体、口风琴、陶艺等课程。口风琴、武术操在运动会上进行展演。我们希望通过这样的方式，可以使学生掌握一门体育、艺术技能，更要达到增强体质、陶冶情操的目标。

（三）趣雅课程，兴趣类型特色化

趣雅课程是指以"选课走班"的形式，满足每一名学生兴趣发展需求的普及性社团活动课程。学校关注和尊重学生的个性发展，力求培养学生"趣意盎然"的趣雅品质。

学校课程根据语文、数学、英语、艺术、体育、科技分为六大类。每学期初，学校组织全校学生进行选课。每个学科各具特色。甲骨文、数独、英语舞台剧、吉他、轮滑、剪纸、面点、烘焙、茶艺、程序设计等近百门学生喜欢的趣雅课程充盈着学生的生活。在师资方面，除了学校部分专业教师外，我们还借助校外专业教师、高校资源、家长资源、社会资源，提升了趣雅课堂水平。

（四）精雅课程，特长培养专业化

在实施趣雅课程的过程中，我们发现许多特长突出的学生。为了让这些学生走得更远，我们设置了30余门的精雅课程，更深层次地发展学生的特长和兴趣，促使学生具有"精益求精"的精雅品质。

学校设有儿童画、国画、陶艺、素描、剪纸和扎染等多个美术社团。作为学校的陶艺艺术实践工作坊，乐陶园成为山东省艺术实践工作坊。学校荣获青岛市首届少儿陶艺大赛和青岛市少儿手工艺大赛金奖。

音乐社团更是遍地开花，舞蹈、合唱、戏剧与朗诵、二胡、手风琴捷报频传。校合唱团参加城阳区原创作品展演，校戏剧作品《丰碑》《闪闪的红星》在"区长杯"戏剧与朗诵比赛中荣获一等奖，器乐团获"区长杯"一等奖，舞蹈团已登上了央视的舞台，原创剧目《最亲的我们》《大海，我们来了》获得山东省"小飞天"奖儿童舞蹈大赛一等奖。作为城阳区小学唯一的交响乐团，每个孩子都有属于自己的乐器。多样的平台为孩子们的学业规划指引了方向，许多国城学子走进中央音乐学院附属中学的校门。

学校在科技比赛中崭露头角，包括 3D 打印、机器人、建筑模型、程序设计、人工智能等项目。在全国青少年建筑模型教育竞赛总决赛，国城小学荣获冠军。此外，在山东省机器人大赛、青岛市中小学创客大赛、青岛市中小学科技节、青岛市创竞编程与智能设计大赛等各类比赛项目中，国城小学共收获多个一等奖。

体育方面重拳出击，涵盖武术、棒球、击剑、健美操、羽毛球等。校乒乓球队获"区长杯"男子团体和女子团体双冠军，足球队在"区长杯"足球比赛中获得第一名。攀岩小将在 省全民健身运动会攀岩比赛混合少年组中捧回了 8 枚冠军奖牌，学校被教育部授予"奥林匹克教育示范学校""全国青少年校园冰雪运动特色学校"荣誉称号。

（五）博雅课程，综合活动常态化

我们认为，学校生活是教育和课程的基本内容，包括学生的知识学习、能力培养、素养孕育和人格养成多方面内容。博雅课程是对"一事一物皆教育，时时处处有课程"的最好诠释。学生在活动中逐渐养成博识洽闻的博雅品质。学校综合课程主要包括节日课程、主题活动、生活体验等。

传统节日里，学校开展了形式多样的"我们的节日"系列活动。通过春节、清明节、中秋节等节日引导学生通过实践了解习俗，过好传统节日，领略其中的人文情怀，弘扬传统文化，增强民族认同感。

写字节、体育游戏节、艺术节、感恩节、礼仪节、读书节、科技节、歌唱节，这八大校园主题节日充实学生校园生活。每月一节日中丰富多彩的活动使学生的身心得到全面发展。每周一的升旗仪式，从策划到精彩呈现，学生们自己查找资料和排练；"安全教育""习惯养成""童心向党"等多个升旗仪式"主题活动"课程带给学生不一样的收获。

学校依托校园自身独特的地理位置和自然环境，开辟校内劳动实践基地，确立适合学生们的劳动教育目标，形成了学校独特的劳动教育方式。在学生们辛勤劳作及悉心照料下，学校开心农场、阳光农场、雅爱农场先后收获过小麦、茼蒿等多种作物。

学生在"微耕园""润爱园"里收获果实，在烘焙课上制作甜点，形成种植—管理—采摘—加工制作链条模式，保障劳动教育过程的完整性。

同样，"风味国城，每日一菜"厨育课程、劳动技能 PK 赛等，能让学生体会劳动的快乐。"走进海洋博物馆""清明祭英烈""走进纺织厂"等多项实践活动，为学生阳光向上的童年生活提供了丰富的教育平台。学生在活动中见多识广，看得更高，走得更远，逐渐养成博识洽闻的博雅品质。

（六）润雅课程，环境营造人文化

杜甫吟诵春雨，说它"随风潜入夜，润物细无声"，"无声""无痕"的教育是一种教育境界，我们希望在无声的环境中培养学生的润雅品质。

进入国城小学的校门，走进慧爱楼大厅，学校的核心办学理念、"三风一训"映入眼帘，让每一位走进学校的朋友感受到浓浓的爱意；军事长廊让学生明白科技强国、军事强国的道理；汇海长廊带学生探索海洋的奥秘；华夏厅中各省份的代表性标志激发学生爱国精神；种子博物馆的小小种子鼓舞学生不怕困难、百折不挠；党建厅、红色印记厅阐述德育新意义，传承红色基因，争做时代新人。教师不时地带领学生走进学校特色教育阵地，国城逐渐成为每一个角落都能润德、每一分气息都能熏陶的文化殿堂。

"风雅"课程体系的评价

评价与反馈是课程体系实施的重要保证，为此，学校构建了"慧爱"评价体系，围绕"六慧三爱"进行评价，根据"中国学生发展核心素养"中的人文底蕴、科学精神、学会学习、健康生活、责任担当、实践创新六大核心素养，以"慧审美""慧思考""慧学习""慧生活""慧担当""慧创造"的"六慧"品质和"爱人、爱国、爱世界"的"三爱"精神作为评价的达成目标和根本目的。

学校采取"即时性评价"和"总结性评价"相结合的方式，形成教师评、家长评、同桌互评、个人自评相结合的评价方式。学校设立了成长币和行动卡来激励学生，在课程作业、上课发言、活动参与、成果展示、责任履行等方面表现优秀的学生，可以获得一枚风雅成长币。集齐 20 枚成长币就可以换得"风雅"行动卡。学校特别设立"置换日"，学生可依据手中的行动卡选择置换各种礼品。

除评价卡之外，学校还设立了"阳光少年""出彩国城人"等多种荣誉，学生可以通过自主申请、记录过程、评价展示的步骤不断前进，在自己擅长或者感兴趣的领域展现风采。

第一章
给文化最大的『自由』

从教学楼的拔地而起，到文化理念的携爱而生；从"慧爱"相伴8年的见证，到"风雅"润泽心灵的相守，我眼中的国城小学每天都在变。校园文化入眼很容易，走心很难，于是在国城小学校园，我们赋予文化最大的"自由"，让孩子们随心所欲触摸它、享受它。从一面墙到一处廊再到一座厅，国城小学的校园文化助力每一位学子描绘一场场灼热的盛放！

汇海长廊：唤醒生命与责任

我所爱的国城风物，囊括"慧爱"，包罗"风雅"，可以"喂饱"学生的求知欲，也可培养学生的责任观。在那个夏晚，在虫鸣中，"汇海"二字来得刚刚好。

——夏晚汇海长廊诞生小记

疫情过后，一草一木的蓊蓊郁郁、一寒一暑的四季轮回仿佛又回归平常，却又不那么平常。那天晚上又是忙到八点一刻，虽然疲惫，但是思绪却极其清晰。我一个人漫步在学校连廊上，思考"饱和"的校园该如何建设。有"人性"的校园文化该如何在三四千人拥挤的"夹缝中"生存……

突然，三年级二班门口的"文化"映入我的眼帘——墙壁上学生绘制的海洋生物小百科、制作的海洋生物书签、用太空泥制作的海洋生物标本……"有人性"的校园文化不就是让学生能触摸、愿意看的嘛！"海洋"与"汇聚"两个词种在了我的心中，我决定次日便行动，留住我为学生规划的开放式乐园——汇海长廊。

建设海洋强国是实现中华民族伟大复兴的重大战略任务。"汇海"二字最初描摹着责任。为实现这个目标，在学生中间树立爱国责任观，引导他们从小树立正确的海洋观，培育他们慧爱、包容、创新、进取的精神，师生一起规划了长廊中的"爱国责任"板块。我们一起学习"海洋强国"知识，制作专题指示牌，在动手动脑中扩展思维的广度。

海洋是我们赖以生存的重要环境。"汇海"二字也承载着唤醒生命的自觉。学校美术老师搜集资料，将海洋生物一笔一画地描绘在墙壁上、走廊里；近百个海洋生物标本一经"安家"立刻吸引了学生们的注意，33米的长廊顿时水泄不通。蓝色发光的海洋墙壁最大限度地还原深海场景。海洋书籍放置在长廊一侧，明明类型相同，这里的书却比图书角的书籍更受欢迎！这里成了学生的"乐园"。每到课间，总有学生在这里席地而坐，一边看书一边寻找书中提及的海洋生物的标本，还有的学生直接趴到地上观察标本里的生物，甚至有学生自己用太空泥捏了小鱼小虾，想在这给

汇海长廊一角

他们找一个"家"。

后来,我发现他们对那些海洋生物的名称、习性简直"门儿清"。不过长廊也不复往日容颜,有的标本掉了,有的珊瑚破了……显而易见,这也是学生的"杰作"。但这并没有改变我的创建初衷,掉了的捡起来,坏了的再修补,触摸才是与海洋的"交心",不能因为怕丢怕坏扼杀了学生的求知热情。但是长此以往也不是办法,于是我让班主任举行一次以"我爱海洋"为主题的活动,使学生明白鱼儿的家乡要爱护,小鱼标本的家——汇海长廊更需要保护。

海纳百川,有容乃大。博大包容的汇海精神、至善无私的汇海底蕴、生机活力的汇海内涵,国城宝贝们畅游在蓝色的天地,欣赏海洋生物的图片,研究各式各样的生物标本,感受海洋给予自己的巨大惊喜!纸上得来终觉浅,汇海长廊只是冰山一角,海洋教材也只是想象载体,我们带学生走近海洋,开展"净海大作战"用行动爱护海洋,走进"海军博物馆"切身感受海域辽阔,丰富多彩的研学活动充实了学生的生活。

后来,"海洋"主题的跨学科研究应运而生,文化的"有人性"带动了课程的"有个性",作为中国创新教育研究"十三五"规划重点课题科研单位,学校与深圳乐群实验小学形成合作,《海洋教育与小学学科课程跨学科有效整合》这一课题也成为青岛市"落实新课标"十大改革项目之一。

不同的文化设定,让我有机会从不同的视角去思考、内省,这既是一场修身的旅程,也是一场修心的旅程。一场海浪汇聚的智慧在萌芽与勃发,学校海洋教育与跨学科整合逐渐绽放,这是我和学生们受益终身的星星之火,终将以燎原之势席卷我们的内心!

军事长廊：熔铸强国与梦想

> 如何定义眼中的"红"？是"国字石"的勾勒？是教学楼的砖瓦？是国城学子滚烫的赤子心？还是燎原的星火？那段日子里，对我来说，"红"是脚踏着的泥土，是背靠着的山河，是我们的底色，是"强国、爱国"的本色。
>
> ——校园手札：军事长廊的憧憬

2020 年，耳边挥之不去的是新冠疫情的消息，起起伏伏。学校的状况也差不多，严防死守，上半年一转眼就过来了，过了暑假，便来到了秋季学期。

已经正式开课将近两个月了，疫情偶有反复，每一次收到新的消息都像被人攥了一把心头。也就是在疫情肆虐的这段艰难日子，在关注国家大事、了解学生们的动态中，我开始再次深入思考"爱国"的真谛！

那几天，铺天盖地的中国援助世界、大国责任、中美关系紧张等消息像"炮弹"般袭来，我和学生为祖国的繁荣而自豪，因为有国家这个坚强的后盾，有先进的军事和科技力量，我们才能安然无恙。一直困扰着我的文化长廊主题突然有了着落。

习近平总书记反复强调，"让红色基因代代相传""把红色资源利用好，把红色传统发扬好，把红色基因传承好"。所以我决定把红色文化的"神经末梢"延伸到"强国"最深处，让学生明白：真正的爱国只有一颗心是远远不够的，未来的战争是高科技的天下，要树立坚定的强国军事信念。于是，军事长廊应时而生。

学校的军事长廊以连廊为基础打造，开放式的场馆每天都吸引无数的学生驻足惊叹！长廊总长 33 米，整体分海、陆、空三大区域，颜色、元素、造型都贴合每一区域主题内容，使海洋、陆地、天空三位一体，场景转换自然生动。少年强军梦，梦幻海陆空。这富有时代感和感召力的军事形象墙，无时无刻不给学生带来军事氛围的视觉冲击。

在海、陆、空大事记板块中，满载烽烟的军史文化、红色点滴回忆，成为传承弘扬军事文化的重要阵地。学生通过体会历史的沉淀，珍惜来之不易的今天，真正做

军事长廊一角

到"牢记历史、不忘过去、珍爱和平、开创未来"。

"校长，光有装备还不行，我想看到英雄人物的故事！"应学生的要求，长廊中设置英雄人物板块，展现的是军事方面的杰出人才，凝聚爱国思想，培育国城学子的赤子情怀。

在70周年大阅兵板块中，照片展示阅兵风采，显示屏播放相关的军事视频，生动反映出人民军队的优良传统、红色基因的延续传承，体现出全体人民对强国强军伟大事业的共同追求。

亮点的地方是海、陆、空最新武器装备板块，这也是最伤脑筋的。国家军事科技发展迅速，武器更新换代较快。为了给学生带来最新的武器装备知识，学校多次邀请部队同志亲临学校指导，让一件件新式武器装备被记录下来的同时，也让学生体会到军工科研战线的精彩，聆听到强军梦想绽放的声音，进一步感受科技和创新的魅力！

建党100周年期间，我们通过展柜的形式，将红军路上的一个个故事呈现于此：半解皮带，一双草鞋……革命先烈用生命和鲜血铸就的美好生活值得每个人珍惜，学生用手指着读出故事中那一行行的文字，爱国情怀就在此时更加强烈。在军事长廊里，学生或听或看，厚植爱国情，让更多的学生认识了中国军事的强大力量。

有了军事长廊这一载体，"国防教育要从娃娃抓起"的理念得以落地生根，国防教育如火如荼地开展。

为了让学生像军人一样站得直坐得正，通过全校报名、选拔，学校组建了一支国旗中队，对他们进行了严格的军姿、步伐等军体素质的训练。在升旗仪式中，伴随着《中国人民解放军进行曲》的豪迈歌声，他们迈着矫健整齐的步伐，在全校师生面前通过，仪式感满满。

同时，学校利用每年建军节、国庆节等节日，多次邀请在役、退役军人到校演讲，青岛逐梦深蓝讲师团来学校授课，原海军青岛舰副舰长为学生们带来了珍贵的海军五大兵种摄影展，学生们被辽宁号航空母舰和弹道导弹核潜艇的模型深深吸引；参加过抗美援朝战争的老兵走进国城小学为学生们开设红色讲座，让爱国教育的星火时刻燎原。

2023年，在青岛市公安局城阳分局正阳路派出所和青岛猎人国防教育基地的支持下，学校成立了全区首个"少年军警校"军事训练营，并聘任正阳路派出所民警和青岛猎人国防教育基地教官为少先队校外辅导员。开营仪式上三位教官担任仪仗队员，向全体师生展示了飒爽英姿。随后，"少年军警校"开展了新学期第一堂国防教育课。军姿站立、队列操训……一项项军事化训练，惹得学生们争先恐后地上前"试"一把，校园里掀起了一阵国防热。学生们一起装饰了自己的宣传阵地，以"强

青岛市城阳区国城小学"少年军警校"军事训练营成立

我国防，爱我中华"为主题的黑板报纷纷上墙。一幅幅充满童趣的手抄报里是说不完的爱国情，诉不完的强军梦。

学校设立国防教育周，鼓励学生每周参与研学实践活动，红色国防类主题尤其受到学生们的青睐。青岛海军博物馆、青岛一战遗址博物馆、青岛猎人国防教育基地、刘公岛景区等都留下了老师和学生的身影。他们置身于其中深刻感受中国国防军事力量的强大，增强了学生"强国有我"的使命感，树立保家卫国的坚定信仰。

现在，军事长廊已经真正成为传承红色基因、传播红色文化、缅怀先烈的主阵地，以帮助他们更好地理解军事和国防教育的意义，激发爱国情，树立报国志，培养建国才，让他们牢记"少年强则国强"的责任与使命！

红色印记厅：镌刻心中永恒的爱

午饭后，我习惯在校园中散步一圈，这时熟悉的校园广播音乐响起，我边查看教室边聆听学生们的声音。

在"从小学先锋"板块，出现了一个很熟悉的声音，他是学校的"金话筒"——蔡卓峻。他声音洪亮，口齿清晰，富有感情地讲述一名抗美援朝老兵的故事，我被他的讲述打动，一直听到最后，才知道这是他太姥爷的故事。我一路来到了校园广播站，找到了小蔡同学，询问他为什么要讲太姥爷的故事。他满脸自豪地跟我讲："校长，我太姥爷虽然不在了，但是他是我们全家的英雄，所以我想把他的故事分享给大家，让大家都认识他。""我非常认真地听了你的故事，你的太姥爷是英雄，你也要加油，让他能为你感到自豪。"我鼓励他说。

和小蔡同学分开后，一个想法在我脑海中浮现，像小蔡姥爷这样的革命英雄是值得敬仰的，这种情感不应该只体现在一个学生身上，更应该辐射全体学生。我让班主任做了个简单的调查：你对革命英雄的故事了解多少。结果令我大失所望，很多学生甚至不能完整地说出一个故事。为了培育学生的爱国情，使学生真正做到学楷模、做楷模，建立先锋中队的想法应运而生。

2021年恰是中国共产党成立100周年，中国共产党带领中国人民在艰难险阻中夺取新中国的伟大胜利，彰显了共产党伟大的革命力量。创建"星火工程"，打造先锋中队，在少先队员中掀起致敬先锋的热潮，各中队确定模范先锋，并以先锋人物进行命名。陈毅中队、钱学森中队、鲁迅中队……从75个到86个再到91个，越来越多的楷模成为队员们的精神榜样，学校从"中队文化齐创建""先锋事迹我来讲""先锋故事我来演"三个维度，引导学生深入了解先锋模范人物的事迹，中队内成立宣讲团，对本中队的先锋事迹进行全校巡讲，形成从小学先锋、长大做先锋的良好态势，从而懂得中国走向光明的道路来之不易。

少先队员的活动场所由于扩班的原因而被征用，学校教室资源又十分有限，万不得已之下，我将目光转向了走廊。4600余名师生的容量使我放弃了很多专用室、

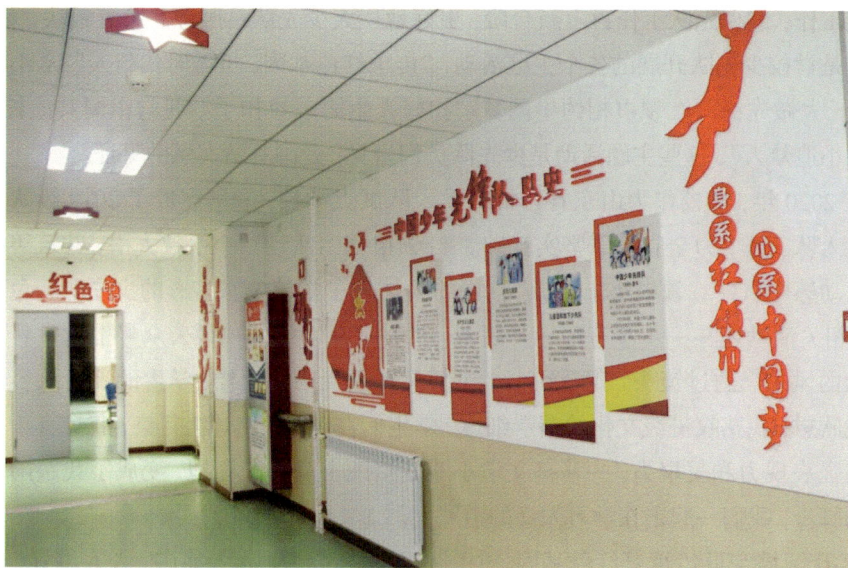

红色印记厅一角

活动室的想法，我只能利用廊壁、顶部空间"做文章"。不到 7 天，一条长达 33 米、以红色带为轴线的少先队展厅成型了。

　　红色是红领巾的颜色，红领巾是烈士的鲜血染成的，取名为红色印记，是为让少先队员铭记烈士的爱国精神，讲好红色革命故事，传承好红色基因。展厅分为初心、铭记、传承、使命、希望五个板块。第一板块，初心。这里记录了在中国共产党领导下成立的第一个儿童组织到如今拥有光辉历程的中国少年先锋队的发展史。队员们在此可以了解到少先队的前身，感受到少先队在党的关怀指引下一路发展壮大。第二板块，铭记。这里展出了革命年代少年英雄的英勇事迹，他们意志坚定、不怕牺牲、坚决取得革命胜利的精神激励着新时代的少先队员们奋勇争先，争做祖国合格的建设者和接班人。同时，少先队事业的蓬勃发展离不开党和国家领导人的关怀和支持，这里齐聚了几代领导人对少先队组织的殷切嘱托和要求，队员们可以从中汲取力量，坚定信心听党话、跟党走。第三板块，传承。这里是少先队活动室，是大队委员召开例会的地方，这里的入队誓词、呼号等标识时刻提醒着大队委员们要以身作则，坚定地为少先队服务好。这里还是一年级同学接受队前教育的场所，悬挂着"六知""六会"的知识。每到中午，红领巾放映厅就是同学们最喜欢的地方，这里播放的爱国影片是启迪同学们爱国心最生动的语言。第四板块，使命。这里展示了学校少工委和大队部的工作制度以及组织架构，委员们可以接受全体少先队员的监督。少先队工作是为国家培养接班人，所以每个人都身负重任，他们创造性地开展各项工作，使少先队工作再上新台阶，更好地广大少先队员服务。第五板块，希望。这里是学校少先队开展的各个主题活动，"传承红色基因，争做时代新人""从小学先锋，长大做先锋""红领巾相约中国梦""扣好人生第一粒扣子""我与祖国共成长，争做小小追梦人"，这些主题活动是少先队员们爱党、爱国真情实感的见证。

2020年，学校作为山东省首批分批入队试点学校，顺利完成了2019级队员的分批入队工作，为全省打下坚实基础。"红领巾社团活动""小手拉大手，共筑碧海蓝天""动感中队""红领巾小志愿者"活动纷纷体现了学校丰富多彩的少先队特色。如今，相关活动还在一步步有序地开展着，我时常在学校的视频公众号上欣赏着每个中队的风采。透过镜头，我看到小小讲解员神采飞扬的模样，学生的那份从容自信令我欣慰；我感叹班级文化的精雕细琢，学生们在此浸润，耳濡目染；我惊喜于中队的超强表现力和凝聚力，一幕幕文学小戏剧接踵上演。渐渐地，变成了我跟随学生们的脚步，我们一起走在学习先锋的道路上。

让国城宝贝传承好红色基因，中国故事人人会讲，人人能讲，人人讲好，这是我的目标，也是使命！

党员"两厅"：初心与廉洁的坚守

党建"载体"

一面党旗下，辉映的是同一颗心；敞亮的大厅里，镌刻的是同一个理想。2019年，学校步入高速发展阶段，教育教学在创新，德育建设在发展，教师队伍在成长……我打心底里觉得干劲十足。应该说学校的任何活动都离不开党的引领，于是，在三月初，万物萌生的美好季节，学校打造"党建厅"的计划开始了。在2019—2021年的三年时间里，党建厅在党的发展历程中与日俱新，紧紧跟随党的步伐。

整个党建厅共分为三大部分。第一部分涵盖学校党支部打造"慧爱先锋党建品牌"，学习贯彻党的重要思想和习近平重要讲话精神，积极开展党建系列活动，设立党员先锋岗，发挥党组织模范带头作用。第二部分则是对国家历史的解读，铭记历史，砥砺前行；学党史，知党情，跟党走，历届党代会使我们更加清楚地了解党的发

学校党建厅一角

展历程。墙上陈列着由新华社发布的 37 幅美术作品，生动再现了党的光辉历程，国城学生用画笔绘于纸上并进行展示，进一步了解党的辉煌成就。最后一部分展示楷模的光荣事迹使少先队员牢记英雄人物，学习榜样精神，传承红色基因。以党建厅为特色"载体"，学校党员队伍发展、党建活动特色都有了切实的成长。

廉洁"创新"

一片冰心在玉壶，一颗初心守教育。以清为美，以廉为荣；以文化廉，恪守初心。2022 年，城阳区教育系统廉洁文化教育基地在国城小学正式投入使用，作为全区唯一的廉洁文化教育基地，国城小学全力打造清廉校园，使廉洁文化进课堂、进家庭，把清廉"因子"渗透到校园文化和道德教育全过程。

学校廉政厅正面图

在全面从严治党的时代背景下，城阳区教育系统廉洁文化教育基地通过续篇·《爱莲说》、"重拳反腐·砥砺前行""守正笃实·榜样永续""清风廉韵·德润人心""以案为鉴·警钟长鸣"、尾篇·任重道远六大篇章；运用声、光、电等高科技展示形式，结合沉浸式场景体验，更好地达到警示作用。从而为城阳区打造一个创新型的廉政教育基地，为党风廉政建设提供有力支撑。

廉政厅板块解读如下。

1.续篇·《爱莲说》

该板块呈现对"莲"字解读。"莲"，乃花中君子；"廉"，为人之正品，莲花之"莲"与廉洁之"廉"既谐音，又同意，从古至今，不乏官员以莲为志，古人也以"一品清莲"表达对清官的赞誉。

2.重拳反腐·砥砺前行

该板块呈现反腐倡廉系列重要讲话精神。党的十九大以来，习近平总书记强调，要坚定不移地全面从严治党，不断提高党的执政能力和领导水平。在新时代背景下，应当加强廉政建设，坚持有腐必惩、有贪必肃，使领导干部"不敢腐"，做到廉洁奉公、执政为民。

3. 守正笃实·榜样永续

该板块呈现张桂梅等榜样人物事迹。服务人民应当恪守正道、永葆忠诚，从古至今都有无数的榜样人物值得敬仰，他们用廉政"血脉"充实自己的肌体，用"精神食粮"高筑廉政体魄，我们应当从他们身上汲取浩然正气。

4. 清风廉韵·德润人心

该板块呈现城阳区廉政文化。积极推进"清廉之岛"廉政文化建设，积极构建"山海相廉、繁星点点"的廉政文化格局，打造"半小时廉政文化教育圈"，更深层次更宽领域地加强党风廉政建设，共同建设阳光城阳。

5. 以案为鉴·警钟长鸣

该板块展示反腐败斗争中所办的重案要案，依托真实发生的事件，运用沉浸式科技屏幕进行宣传教育，使反腐败斗争的故事深入人心，让每一个人都要引以为戒。

6. 尾篇·任重道远

廉政建设和反腐败斗争永远在路上，一刻也不能放松，始终保持正风肃纪的战斗定力，以廉政文化建设为着力点带动各级干部在革命性锻造中更好扛起新使命、谱写新篇章。

学校廉政厅一角

播种与行路：坚定人生的方向

2015 年，与君初相识；2020 年，赠君临别言；如今，恰似故人归。

——送第一届毕业生有感

2015 年夏，草木蓊郁，夏鸟争鸣，国城小学初建。360 多个花朵带着我们悉心的呵护播种在了国城这片还不算肥沃的三角地。6 年间，"园丁"们呕心沥血地浇水、育肥让这片土地逐渐肥沃，让花朵们灿烂绽放。他们似雏鹰即将飞离温暖的慧爱巢穴，翱翔在更高远的天空，我心里百感交集。"得留下些什么。"我想。于是一场播种与盛开、盛开与收获的接力在我脑海中逐渐清晰。

种子博物馆：安放孩子们的惊奇之心

这里是个小小的园子

播种与浇灌

萌发与收获

汗水与喜悦

在此融汇一处，熠熠生辉

一颗小小的种子蕴藏着广袤的世界

大自然细微之处的雕琢

袁隆平爷爷反复尝试的执着

国城宝贝们灵光乍现的启迪

......

每一场探求真理的求知中

种子博物馆凝结着瑰丽的光影

——学生眼中的种子博物馆

我常想华夏大地，自古就围绕着土地与种子，生根繁衍，种子千万，不变的是它萌发时的生机和收获时的喜悦；国城校园，自建校就将播撒与哺育作为教育的信

第一届毕业生送给母校的礼物

条，拾起代表国家未来的种子，轻轻播撒，待他们发芽成株，铺就真理之路。

学生是小种子，他们萌芽在大世界，每粒播撒着慧爱的种子代表着他们的印记，记录他们成长的足迹。国城小学的每一位学生都像一粒珍贵的种子，在耕种中体会种植的辛苦，在成长中体会收获的快乐，每一粒种子蕴含着无限的可能性，等待着被挖掘、被浇灌、被培养。2020年的夏天，第一批毕业生圆满毕业，种子博物馆里是他们收集的种子，是他们送给国城小学的礼物，亦承载着他们最初的梦想。

在国城人心中种子是破土而出的力量，是"野火烧不尽，春风吹又生"的希望。种子精神更是中国共产党风雨历程的真实写照，也是国城宝贝们明志成长的精神寄托，需要去传承、发扬。种子精神延续在每一个时代，他饱含着袁隆平院士一丝不苟、兢兢业业研究的决心；承载着教师无私奉献、扎根教育的爱心；描绘着学生健康成长、快乐发展的耐心，是我们风雅校园内心与心融汇、情与情浸润的载体。

华夏厅：行者的收藏

在国城小学，虽然有多样的课程和多彩的活动，但也囿于一方小小的天地无法畅游祖国的大好河山。富饶的土地、秀丽的风景是每个中国人的骄傲，也是每个学生应该用心感受的东西。那段时间，我常常在想：如果能将祖国的山川四季包揽在这里，是不是也算小小地圆了学生们读万卷书行万里路的梦想。但是，面对4000多人的师生数量，我们已经没有了多余的专用室，我将目光转向风雅大厅，那有一面空空的墙壁，我曾想打造学生作品展，但是呼啸的风往往将作品吹得七零八落。于是，我们开始汇集 34 个行政省区的代表图像，收集学生在全国各地旅游带回的纪念品，透明的挡风玻璃将它们浓缩在这面小小的墙壁。五千年荏苒，闪耀的赤炎永不熄灭；七十载风雨，金色的五星永不褪色。我们希望国城学子在这片小小的天地了解祖国山河，感受中华文化，不断提高民族认同感。这就是华夏厅建立的初衷。

华夏厅展示着文化传承，诉说着风土人情。每每下课，这里便成为孩子们打卡的好地方，诵读一首镌刻在墙上的《少年中国说》，游览祖国的大好河山，红色教育在无形中潜移默化地影响着每一位少先队员！

在梦想中播种，在求知中行路，在国城中成长。在这里，每一个角落能说话，每一面墙壁能育人，每一个国城学子的梦想就在这里扬帆起航！

华夏厅一角

乐陶园：让传承像呼吸般自然

泥有生命，有呼吸
起伏之间
是国风的素雅与华丽
是走在最先锋的艺术
是无限的精彩与可能
延展到慧爱的远方

　　盛夏，绿荫掩映生机，伴着学生们课间活动的欢喧声，我照常漫步校园，想看看在这个生机勃勃的季节，学校是不是也在"长"。突然，一个"小娃娃"闯入眼帘，它憨憨的姿态"萌"中了我的心，我慢慢走近这个陶泥娃娃圈，惊觉学校的陶艺已经这么成熟了！我觉得应该让它的光芒绽放，于是一个小小的园子悄悄诞生——乐陶园。

　　乐陶园是我们为学生搭建的陶艺欣赏、体验、创作的户外活动乐园。园内展示着大量的制作精美的陶艺作品，同时设有手捏成型、拉坯成型等体验区。在这里，学生可以感受到泥土的芬芳，体验陶艺创作的乐趣，感悟陶瓷艺术的魅力。陶艺作为我国优秀传统文化，以它特有的东方艺术情韵而名世，瓷器（china）在英文中更是与中国（China）同为一词。中国是陶瓷的故乡，千年来，百瓷争艳，美不胜收。学校以传承中国传统文化为己任，兼顾地方黑陶文化，让学生都能成为中华文化的优秀继承人。

　　学校的陶艺兴起、发扬得益于一个对艺术极其热爱的小伙子，他是个非常内敛的美术老师，特别喜欢玩"泥"。当我把陶艺教室的钥匙交到他手上的时候，他兴奋到结巴，后来我听说，他曾许下"会在陶艺领域发光发热"的誓言。现在的他时刻与泥为伍，即使周末也开着那扇小门，这个"泥痴"，让我看见了热爱的力量。

　　麻雀虽小，五脏俱全。学校专用陶艺教室、陶艺仓库、陶艺电窑室一应俱全。

陶艺这颗蓄势待发的种子在美术老师的悉心呵护下逐渐萌芽。当我再次迈进陶艺教室，见到了陶艺社团的小社员们，有的已经是社团建立之初便参与的小元老了，这些与"泥"相伴成长起来的学生迫不及待地向我介绍着他们亲手制作的陶艺作品，说着陶艺社团发生的故事，我发现这些稚嫩的孩子脸上满是真挚的笑容。这些笑脸让我的内心温暖而慰藉，肯定了我对学校陶艺事业的坚守。国城小学的陶艺承载着往年的积淀，已经振翅飞扬！

乐陶园一角

万事开头难，陶艺是一门厚积薄发的艺术。为了让它在国城小学扎根，学校为陶艺社团送上新材料、新工具，为学生的爱好与成长提供坚实的后盾。美术教师共同编制了陶艺校本教材，为学生提供了丰富的学习素材，陶艺的教学内容经历了从塑型到上彩再到烧制的全过程，创作形式包括从泥塑到注浆再到釉彩的方方面面。每日的陶艺训练虽然繁重，但学生却从未失去乐趣。学生每周都会独立完成一件陶艺作品，慢慢地，学生都习以为常称之为"陶艺周任务"，这些主题相近的周任务也积累成了一月一系列的"陶艺月目标"。放眼校园的各个角落，处处都有学生们的陶艺作品，或成系列，或成主题，结合传统文化、时事要闻、民俗节日等，让陶瓷艺术浸润到学生的心田之中。同时，陶艺社也利用校园红领巾广播站、学校公众号和社会媒体，传播陶艺知识，提升学生陶艺技艺，让每一位国城学子都能收获学习陶艺的快乐。

后来，学校依托当地的黑陶文化，将历史悠久的非物质文化遗产引入校园，聘请黑陶传承人到学校担任工作坊的客座讲师。学生们听着讲座，学习着黑陶制作的技术和方法，像是打开了一扇新世界的大门，不断地汲取着陶艺深层次的文化内涵，艺术视野逐渐扩展。

美术老师常说"要给学生一杯水，教师应有一桶水"，相对于他而言，当工作与爱好一致，家也变成工作室，工作也成了生活，与泥相伴，和泥、上色、作画、烧窑……平日里攻读陶艺书籍成了家常便饭，陶艺研修班成了他假期打卡的圣地。不断地学习，只想让自己的专业素养更上一层楼，他是我羡慕和敬佩的年轻人。

心是一片田，付出多少汗水，就会收获多少果实。当陶艺社作品第一次参加青岛市少儿陶艺大赛时便斩获金奖，陶艺实践工作坊荣获山东省第七届艺术展演活动二等奖以及优秀实践教学成果奖，属于陶艺社的春天已然来临。学生作品在青岛市第二届少儿陶艺大赛、青岛市第二届少儿手工艺大赛中荣获多枚金奖，乐陶园已经成为山东省艺术实践作坊，孩子们更是获得了"青岛小匠人"荣誉称号，这份荣誉感至今依然让社员们昂首挺胸地走在校园里。这些荣誉只是冲锋的号角，时时刻刻鼓励着陶艺师生继续拼搏，努力争先，让陶艺之花在国城校园盛开得更大、更艳。

作为雕塑艺术中的一种，陶艺像一颗璀璨的明珠闪耀在国城校园。作为美术课程的代表之一，陶艺课程取得了优异的成绩，而儿童画、国画、素描、剪纸和扎染等多个美术社团也遍地开花。爱与责任并行，缔造多彩教育，让学生在动手实践中实现美的追求。

"两园三场"：与劳动基地的约定

国城之雅，关于人，关乎景。对我来说，她所蕴含的一草一木，皆有故事；一砖一瓦，可成文章。

缘起——"阳光农场"诞生

那个秋日，循香赏园，我在校园里邂逅了这几个学生。有个学生天真地问我："校长，您说麦子是怎么长的呢？"后面五年级的男孩儿就说："这个嘛，应该是撒下种子就能长出来。"

旁边的女孩儿有些疑惑："那不一定吧，我们随便撒下种子就能长出来？"

停顿了片刻，五年级的这个男孩儿说："不信咱试试！"

"怎么试？"

"就用这片地，我们在这种种试试。校长，行不行？"学生随手一指的那块空地，位于操场的东南角，此时的门卫大叔正在辛勤地播种。

我觉得有趣，没有反对："行啊！看你们能种出什么种来？"

午饭过后，我时常去操场溜达，主要是被菜地的学生吸引，一把种子洒在地里，小脑袋争相查看，好似要把地里瞅出一个洞来。哪有这么快啊，被学生的天真感染的同时，我发现他们对于农作物一无所知。

这片农场正是让每个学生真正参与学校劳动教育课程的契机。于是，这里不再是一片荒地，不再是工人手中的几亩菜园，它有了自己的名字——阳光农场。我将"良性劳动竞争"的原则赠予学生，整个劳动农场实行"班级分区包干制"，由学生负责种植与管理，每个班级都采取"我的田地我做主"的"六自"原则实施劳动教育，即自己思、自己种、自己收、自己管、自己查（资料）、自己评。

教师着重引导学生种前做好准备，种时体验快乐，种后做好观察与管理，用文字及绘画形式记录植物的成长过程，学生由开始的不擅长，到逐渐学会了长期观察、细致观察、连续观察的方法与技巧，经过一次次尝试、改进，逐渐形成了自己的学习体验模式。同时，我也惊喜地发现，学生开始主动参与。课间时间，午休时间，甚至是放学时间，他们都会自发地来到农场，来到自己的菜园进行打理。

正是基于这样的发现，我开始重新定位学校劳动教育课程的宗旨——"种"慧爱。我审时度势，将"播种课程"搬到课堂，希望找到他们以"爱心"为出发点的兴趣所在，很多学生渐渐把自己的某个兴趣转化成人生志趣。由此，充实了学校劳动教育课程发展方向及育人目标。

"阳光农场"的学生，在"种"的过程中，渐渐学会爱、尊重、分享与责任。我也期待从这里出来的每一个学生都像一粒饱满的种子，在任何环境下都能主根发芽，直至欣欣向荣。

内化——从书间案头到田间地头

在"阳光农场"的活动中，我发现"自给自足"的充实感是学生十分向往的情感，于是原先"小小"的农场已经无法承载学生"大大"的愿望，扩建逐渐提上了日程。"开心农场""雅爱农场""微耕园""润爱园"的开发，让学生有了更加欢欣成长的乐园，"两园三场"中春耕、夏种、秋收、冬藏的劳动身影在农作物的摇曳中逐渐拉长。

在小园丁们的辛勤劳作及悉心照料下，学校先后收获小麦、茼蒿、菠菜、油菜、西红柿、秋葵、丝瓜、南瓜、黄瓜等作物。而学生的最爱当属"微耕园""润爱园"中的苹果和柿子。他们在教师的带领下对果树进行修剪、施肥，收获果实，在烘焙课

郝玉芹与学生在农场中劳作

上制作甜点，形成种植—管理—采摘—加工制作链条模式，保障劳动教育过程的完整性。

在劳动活动中，我与学生一起学习如何当一名园艺师；在课间，他们到学校农场，落实课堂所学，履行园艺师的职责，松土、种植、除草、捉虫，园子成为学生的实践天地；收获季节，学生分享蔬菜，制作沙拉，学会珍惜和感恩。

张豪豪是个顽皮到让人头痛的男孩儿，有了属于自己的小菜园之后，他就变成了最辛勤的园丁……他对我说："校长，我觉得我们的园里要是种上茄子就完美了，您可以送我几棵吗？"其实，不远处就是一片别的班的茄子园，要是以前，他会直接去摘……这个曾无视规则、随意破坏公物的男孩，在这门课中，渐渐懂得只有经过别人同意，才能拿走他人物品的道理。尊重，开始根植于他心中。

不善言辞的一年级小朋友李紫悦，悄悄地和家长一起给自己班级的小菜园做了一个牌子……被老师表扬后，她在课堂上的发言主动了。当每一份用心得到认可的时候，自信便逐渐建立起来！

在收获时节，我经常和学生把从菜园里收获到的一部分蔬菜拿出来，制作美食，分享快乐。从洗菜、择菜，到切菜、搭配，学生都自己完成。吃到自己做的蔬菜沙拉，没有一个人会浪费。你要问为什么，他们会说："自己那么辛苦种的菜，怎么舍得浪费呢！"

还有一些学生将收获的作物送给清洁阿姨和建筑工人。他们在日记中写道：照顾小幼苗就像照顾孩子一样。

敬畏与尊重，责任与担当，在这场从种子到食物的旅行中，得到了最好的诠释。

在"两园三场"中，我见证了学生的成长，也感动于他们对劳动和生活的热爱。我也明白，学校景致在美丽的过程中也不要忘记"润心"育人，毕竟种"慧爱"，是因学生的期待而创生的。

"朗润"书声起，"清源"活水来

秋日，半地金黄的银杏叶，散发着淡淡的树脂香。2020年那个恬淡的秋日，来国城参观交流的朋友和我分享美妙的感受——国城校园的景观，随手一拍即是绝佳美景。

我会心一笑，回复他们：在国城校园，慧爱一直不徐不疾，时间偷不走初衷！我们用心设计，美景无处不在，慧爱教育的影响也无处不在。

清源：教育在这里定格

"清源"是慧爱楼后一处人造泉眼的名字，取自朱熹《观书有感》中的"问渠那得清如许？为有源头活水来"一句。泉眼边立着数棵高大的法国梧桐树，昂首挺立，树冠如伞，格外美丽。周围还栽有十几种植物，淡淡的大叶女贞恰似锦缎，在风中摇

清源泉一角

曳；可爱的紫叶李簇排一处，热闹非凡；纤瘦的翠竹，枝叶小而优雅，像极了"远小人"的优雅君子。

儿童大多活泼好动，有了"清源泉"，国城学生的童年便多了几分生机。泉眼时而喷发，时而静默，让水兴起了波澜，学生们的脸上也露出了笑颜。

教师带着学生在这里绘画、习作，别有一番乐趣。正如名教育家陶行知先生说："要解放孩子们的头脑、双手、双脚、空间、时间，使他们充分得到自由的生活，从自由的生活中得到真正的教育。"

真正的教育是细润无声的，带学生走进生活，走进自然，方能"半亩方塘一鉴开"！

朗润苑：听风、听雨、听事

风声、雨声、读书声，声声入耳；家事、国事、天下事，事事关心。

在室外读书、畅聊、听"天下事"是一种什么感觉？在"蕴德楼"前有几处"雅座"名为朗润苑，它告诉了我们答案。

午后、晨间，于朗润苑小憩，五官被打开，师生们享受自然的馈赠，清风和指尖一起划过书页，耳畔则是四季的流转。

夏日的朗润苑

"听"没有"闻""看""品"那么主动,它自然而然,是何等的惬意!

听雨,宋代大词人苏东坡留下了"莫听穿林大打叶声,何妨吟啸且徐行"的旷达心境;听风,欧阳子夜读时留下"初淅沥以萧飒,忽奔腾而澎湃"的凉凉秋意;听听"囊萤映雪"的勤奋,听听"破釜沉舟"的坚定……

学生和老师在朗润苑会听出不一样的感受,但不妨碍每一场感受都把大家带入悠远的境界,保有一颗宁静的心,我们才有如此美好的际遇!

在国城小学,"风雅"常伴。学校景色以独特的韵味,为师生提供了小憩之所,给疲惫的心灵减压,在缓慢中静处、静思,过一种安然美好的生活!

第二章

在国城，找到『毕生所爱』

寻觅求索是学的过程，理想扎根是学的目标。国城校园的风雅不仅仅体现在每日的学与思中，还在多彩的活动中得以绽放。学生一年的在校时间为8个月，"每月一节日"给予他们不一样的成长体验，或唱或舞，或读或写……在节日中，孩子们发掘理想，找到"毕生所爱"。

"英"为有你，"语"我同行

　　早晨，我像往常一样走进校门，迎面一句"Good morning, teacher!"让我不禁想起刚刚开始的英语节开幕式。就在昨日，英语节正式拉开了帷幕。作为学校四大特色之一，英语总是承载着孩子们童年最美的光阴，英语节已经走过第3个年头，2022年，我们的主题是"Enjoy English, enjoy life"，希望孩子们在活动中感受英语的魅力，享受英语带来的快乐。

　　每天早晨，低年级的小朋友热情地用英文向我问好，我也用英文和孩子们回应。孩子们一个个天真活泼，乐观向上，散发着朝气与活力。

　　英语节开幕当天，我看到操场上的孩子们脸上都洋溢着兴奋的神情，一双双小眼睛充满期待，不停地向老师追问英语节的相关活动。

　　激情洋溢的开场舞过后，英语节正式拉开序幕，两位小主持人与全体师生进行简单的互动，他们流利的英语口语，让学生们由衷地敬佩，连连发出赞叹声。

　　英语老师向大家介绍了本届英语节的相关活动方案，呼吁学生们积极参与。我听到底下的学生们已经热烈讨论起来，一个个跃跃欲试，都想在这期间一显身手。学校舞蹈队的队员们在台上领舞，全校学生齐跳英语歌舞"I am so happy"，把整个活动的氛围推向高潮！学生们扭一扭身体、挥一挥小手，热烈的气氛和欢快的歌舞声充满了校园的每个角落。

　　英语节长达1个月，各项活动形式多样、多彩有趣。一年级的学生在外教老师和英语老师的带领下进行英语对话。别看他们年纪小，个个都不得了！学生用标准的发音征服了外教老师，连连伸出大拇指对他们表示肯定；二、三年级的学生参与"爱拼才会赢"拼读大赛，学生"拼"尽全力，发挥出了最佳英语水平；三至六年级的学生参与"英语书写大赛"，学生个个字迹端正，书写属于自己的英语风采；四、五、六年级的学生参与"用英语讲中国故事"活动，他们抑扬顿挫、声情并茂的朗诵给老师们留下了深刻印象。

　　当然不能忘记"别具一格"的英语小话剧活动，学生的表演可爱又有趣，让观众不时爆发出热烈的掌声。学生对这些活动都充满了期待和好奇，一个个跃跃欲试，甚至报名参加了多项比赛。

学生利用一切空余的时间来做准备，有的一下课就拿出字帖来练习，有的不管走到哪里都和朋友说英语，还有班里的话剧小组成员每天利用课间、午饭后的时间积极排练，不放过任何一个细节，精心打磨每一句台词，准备每一件道具，为活动和比赛做好充足准备。他们认真刻苦、精益求精的态度让我十分感动，他们真正做到了在享受比赛的同时，尽情感受外语的魅力，展示自己的语言风采。在学生身上，我看到了"慧爱"的种子在生根、发芽，无论以后走到哪个地方，都能遍地开花！

是呀，有了土壤和种子，新奇的外语学习模式才可以生根发芽。

城阳区国城小学作为城阳区唯一的双语实验学校，将英语作为学校的四大特色之一。2019年7月，学校挂牌青岛大学城阳附属小学，借助青大优质的教育资源加快英语教育步伐。青岛大学教授庞晖，在城阳区成立"庞晖英语名师工作室"。"英语沙龙"定期开展，与国际友好学校开展线上学科教研，邀请国外优秀教师通过网络进行科研培训等活动，促进教师专业成长。2021年，国家级课题《中外人文交流特色学校建设的实践》成功立项，建设一支能说会写、本领过硬的英语教师队伍是双语特色发展的重要保障！

英语节期间，外教老师和学生一起参与活动

丰富多彩的双语课程和活动激发了学生的学习兴趣。针对每个年级不同的特点，分层开设"爱拼才会赢"自然拼读和牛津英语话中国的校本课程。为了能让学生感受原汁原味的外语学习氛围，学校聘请外教授课，让每个学生都有机会张开嘴和外教面对面对话、交流，并在学期末进行日常用语的闯关活动，真正让学生敢于表达、善于表达，增强语言的理解力。除此以外，网络的发达让学生认识了更多的外国伙伴，英国伍德学校校长 Simon Vernon 走进国城小学感受学校文化，签署合作协议，与美国学校的中文项目教师结成团队，积极组织中美学生开展"笔友传书""中外课堂大碰撞""共庆中国传统节日对对碰"等活动。国城小学的学生用英语讲述中国的春节、中秋节等传统节日，弘扬传统文化，美国的孩子线上展示舞龙舞狮、蹴鞠等中国传统项目，中国优秀文化传扬海外，这种文化认同感激发了学生的爱国热情。

作为山东省学科育人实验学校，如何将英语学科与育人有机结合，在文化基因的基础上，我们探索了戏剧育人的新模式。学校依托"十四五"课题，打造教育戏剧课堂，以神笔马良的故事为切入点，融合语文、美术、英语学科，带领学生感受故事、表演故事。通过"情境再现""角色扮演"等方式，营造开放式、互动式、引导式的学习环境，孩子们可以自由组团，选择课本或课本外的内容改编为小戏剧到台前展示。这不仅培养了学生学习英语的浓厚兴趣，也促进了学生的合作意识和表达能力。

双语特色教学给国城小学的学生带来了丰富的英语学习体验。学校将进一步深化新课程改革，丰富学生课余文化生活，创设良好的英语学习环境，让学生沉浸在学习英语的乐趣中，闪耀着自己独特的光芒，讲述着独特的国城英语故事！

一个有情怀的教育团队一定不是自己朝前走，而是要拉着伙伴一起走；一个有情怀的教育人一定不是只教今天，更要想着孩子们的明天。浸润在开放多元、海纳百川的英语文化中，国城教师刻苦钻研，国城学子不断求索，直至走向更远的未来。

播种"信"心,"科"望同飞

　　鲜红的"国"字石和"城"字石掩映在花草间,晶莹的露珠幸福地滚动在金色的银杏树叶上,红红的苹果、金黄的柿子、成串的紫葡萄、一畦畦金黄色的菜花无不彰显着我们在一个幸福的家园里,一个爱心满溢的世外桃源。每年11月是学生最喜欢的科技月,在科技节开幕式现场,学生齐聚操场,满心欢喜迎接典礼的到来。

　　伴随着一声"科技节正式开幕",湛蓝的天空出现一架架无人机,自南北向中间缓缓飞来,孩子们抬头望去,兴奋地跳起来挥手,此时,拥有一架无人机似乎成为每一个学生的梦想。一声清脆的哨声响起,大家的目光瞬间凝聚在跑道上。"变废为宝,感受科技与创造"——学生契合主题,穿着由塑料袋、塑料瓶等垃圾制作的"时髦衣裳",甚至开着国城版"奔驰"跑车,明明是纸壳车,却在这群学生手里有了动力,竟也一路跑了起来。机器人、3D打印、水火箭等科技作品的呈现让典礼迎来一个个小高潮……在科技节中,学校设有多个体验项目和竞赛项目,每次参赛的学生都多达几千人,并评选学校"创客小能手",科普教育逐渐落地开花。

　　科技兴则民族兴,科技强则国家强。每个学生心中都有属于自己的科学梦,如何让学生的想象落地,如何让学生从小养成"爱科学、学科学、用科学"的好习惯,能够真正成为既有科学知识又有科学实践能力的时代新人呢? 我们一直在做着不懈的努力。

　　学校将科技作为办学四大特色之一,努力为学生创造"科技让想象落地"的多元发展平台,积极开展丰富多彩的科技创新活动,全面提升学生的科学素养。为使科学技术的普及工作落到实处,学校注重科普硬件设施的建设,充分发挥未来教室、pad教室、微机室、科学实验室等多功能教室的优势,通过打造汇海长廊、军事长廊、科技苑等育人场所,为孩子们提供更为广阔的求知空间。同时,因"室"而异的标语和名人名言对营造良好的科技活动氛围起到了画龙点睛的作用,让孩子们每时每刻都徜徉在科技的海洋中,做自由的"风雅"少年。学校还设立了"汇爱之声"广播展,开展了每周一次的科技教育专题节目,从有声语言到无声语言的逐渐沁润,学生置

学生熟练使用学校计算机智能设备

身于浓厚的科技知识氛围。

在创客中心，学生通过自己动手操作学习身边的科技；在每周定时开放的未来教室，学生可以利用最先进的智能课桌，在科学的自由王国里穿梭：用3D建模实现自己的设计梦想，用代码赋能无人机；在思维创新实验室，学校引进美国创意建构积木和乐高机器人，对学生进行视觉空间智能的培养；在微机室里，教师带领学生用代码将自己的创意物化为一个个智能机器人；就连日常教学过程中，学校智能投影设备、班级管理优化大师、智能显示屏等人工智能教学资源、设备的应用也帮助教师更好地跟踪学生学习，提高管理效率，有效促进了学校人工智能资源的开发与利用。学校进一步发展学生的科技与创新意识，向人人有创意、人人是创客的目标前进。

在按照国家要求开设专业课程的基础上，学校增设人工智能等特色课程，让学生在校内课堂之中感受多彩科技。同时，开设机器人、3D打印、无人机、图形化编程、程序设计等精雅社团，聘请专家到校指导，学校搭建全国平台，引进北京市第十一中学等优质教师对学生进行线上人工智能基础知识的讲授。学生在青岛市青少年创意编程与智能设计大赛、城阳区"区长杯"青少年人工智能系列比赛、中国青少年机器人创意比赛、全国青少年人工智能交流展示比赛、国际青少年人工智能交流展示活动中取得优异的成绩。学校获得"'科创筑梦'助力'双减'科普行动"试点学校、"青岛市人工智能试点学校"、青岛市中小学智慧校园建设应用特色学校（引领型）、青岛市青少年科技创新大赛优秀组织单位等多项区级以上荣誉称号。

而在校外科普拓展方面，学校积极主动地与区科技馆、青少年活动中心建立长期联系，并充分依托青岛大学城阳附属小学为学生拓展科普教育基地。学校少先队定期组织学生兴趣小组集体参观科技馆、气象馆，发挥家长、社会资源各种优势，带领学生到青岛农业大学等地参观实验室以及聆听科技讲座，进行研学活动，在参观过程中向学生讲解相关科学知识，从而培养学生的发散性思维，随后组织研习、讨论，切实有效地对学生进行科学技术教育，培养学生热爱科学的思想和献身科学的精神。

在科技发展日新月异的今天，提高教师科技素养是全面推进素质教育的需要，也是不断丰富学校内涵的需要。为此，学校教师积极参与人工智能集备教研；每学期积极参与校内组织的人工智能展示课，促进能力提升；主动探索创新课堂教学模式，在学雅、趣雅、精雅课程授课中秉承"以问题引领探究，以探究生成问题"的新方法，形成了国城特色的"问—探—问"循环发展教学模式；学校积极为教师搭建成长平台，组织教师进行全国、省、区、市各类科技项目的培训，学校教师获得"优秀学员"称号，多名教师在区级以上比赛大放异彩，多项区级课题成功立项，创建了区域内可推广的特色科普教学案例，学校《智慧农业》教学案例被中国教育学会收录。

多彩的活动熔铸多样的辉煌，多样的成就装点成长的校园：青岛新闻网、今日头条、齐鲁网、青岛电视台、青岛文明网、《青岛晚报》《半岛都市报》、城阳电视台等多家媒体对学校科技活动进行了报道。学校科技团队的成员们凝智践行、聚力创新，充分发扬团队精神，在探索科学的道路上留下了快乐成长的足迹，收获了丰硕的果实，为培养"创客新星"插上了科学的翅膀。科技与艺术是推动人类前进的车轮，愿国城小学的学生都能有梦，追梦，最终圆梦。作为学生梦想的守护者，学校将不忘初心、继往开来，为培养更多优秀的国城少年而不懈奋斗！

予人玫瑰，手有余香

中国是礼仪之邦，文明古国，自古就有"滴水之恩，当涌泉相报""谁言寸草心、报得三春晖"的传统美德。学会感恩应该是每一个中国人的做人准则。

感恩节是一个满载感谢的节日，感恩父母的养育，感恩老师的教诲，感恩朋友、社会和大自然，这一天总是承载了太多的温暖和感动。为此，学校开设感恩节，在全校师生中开展"让心存感恩，传播正能量"活动。

2020 年的感恩节，让我印象深刻。学生用行动践行感恩、体会感恩，帮父母洗碗、打扫卫生，给父母揉肩、洗脚……不仅让学生学会了感恩，更拉近了学生和父母的关系。有的班级的孩子们用书信和卡片的形式，表达了自己对父母、老师、朋友的感激之情。

最有意思的是感恩节当天的"护蛋"活动。每个学生拥有一个小鸡蛋，学生充当"小鸡蛋"的"爸爸妈妈"，保护它们不受伤害。学生一开始小心翼翼，差不多过了一两个小时，便在欢乐中逐渐忘记了自己的任务。"啊！""碎了！"一个个"小鸡蛋"或摔在地上，或磕在桌上，最后一节课，没有破碎的鸡蛋所剩无几。看到学生心情沮丧，班主任走了过来，"你看你才守一天就守不住了，而你的爸爸妈妈这么多年来，却把你守护得这么幸福和健康，没让你吃一点苦，他们不会累吗？并不是的，孩子们，只是他们不愿意让你担心，我们更应该心怀感恩，报答他们。"

于是在"护蛋"活动后，学生纷纷发出了自己的感言："护着这小小的一个鸡蛋都那么辛苦，我的妈妈真的太伟大了。""原来当一个好妈妈不是这么容易的事，以后我要多多帮帮妈妈做一些力所能及的事"。"我终于体会到妈妈对我的用心照顾了，我一定要好好地爱护我的妈妈。""虽然在这次活动中遗憾出局了，但是我发现自己做什么事都比之前细心了。"

在朋友圈一张张令人温暖的照片中，我看到了学生的成长和父母的欣慰！

除了"护蛋"活动外，城阳区心理名师工作室公益送课活动走进校园，为国城宝贝们开启了一场独特的心理体验活动。

感恩节活动掠影

伴随着熟悉的《生日快乐》歌曲，学生开启了心灵之旅。活动中，教师结合"我的生日经历""小故事大意义"等环节引导学生思考与感悟。通过两个真实的生活情景故事，学生深刻地领悟到生日的意义。大家踊跃发言，纷纷表示："过生日不一定收礼物才快乐，过生日重要的是给生活增添意义，给家人一个表达关爱的机会，而不在于过生日的形式。若是我们能在特殊的日子里做一些有意义的事，更会有不一样的快乐……"

随后，学生进入生日蓝图绘画展示环节，他们在绘制生日蓝图的过程中将感恩升华，深深地感受到生命的珍贵，在体验与分享中学会了感恩。

体验激发情绪，行为改变认知。通过多彩的感恩节活动，学生体会到了生命的美好，懂得回报，树立了正确的人生观，形成对感恩的基本认知，懂得感知父母的艰辛，感知老师的教诲，学着关爱、包容他人和尊敬长辈，从而将感恩的种子播撒在心田。

我想这正是"会爱""慧爱""汇爱"的最好诠释吧！

歌声嘹亮，书声琅琅

与大家分享一位年轻教师的教育札记

看！舞台上，每一位孩子都在用歌声和诵读声装扮生活、点亮希望、唱响心中的梦想。

台上，同学们精神饱满，与指挥、伴奏配合默契。他们轻歌曼舞，声情并茂。歌声时而婉转动人，如山涧中潺潺流水，在山谷里回荡；时而激情澎湃，如大海里滚滚浪花，在海面上飞扬……嘹亮美妙的歌声、声情并茂的朗诵，给观众呈现了一场难忘的视听盛宴。

我不禁回想起这段时间的经历，这是我和孩子们携手并肩，作为队友一起努力的日子。这段日子也许我们永远不会忘记！

今年的歌唱朗诵节如期而至刚接到通知的那天，我就在班里宣布了这次歌唱朗诵节活动的内容。学生兴奋地讨论起来，说："老师，今年一定要换一首我们最喜欢的歌！我们一定唱好，绝对不会出问题。好不好啊？好不好啊？"

看着他们清澈的眼神透露着渴望，我怎么忍心拒绝？接下来的几天，学生开始了如火如荼的选歌过程。我先安排文艺委员选几首大家比较喜欢的歌曲，然后在她选择的歌曲的基础上，学生可以再提自己的建议。最终，学生经过一次又一次的民主投票，选定了《错位时空——五四特别版》这首既有意义又旋律好听的歌曲。确认了这首歌后，学生一个个摩拳擦掌，跃跃欲试！

确定了歌曲，我们又马上开始确定主唱和伴舞的人选。同学们都表现得特别积极，很快，主唱的人选就确定了。还有两位学生主动想要承担伴舞的重担。最让我惊喜的便是这两位伴舞的学生，他们在排练的过程中，整首歌曲舞蹈的编排，没有让我帮助过一次，两个人自己和着伴奏，就这样把一段3分多钟的音乐编排上了舞蹈，而且动作是那么自然、和谐、优美，甚至还自己准备了服装，真是让我惊喜！主唱们也是一个比一个认真，经常看到他们拿着歌词练习，仿佛是为了这一次比赛的完美表现，都要拿出自己的最高水平。

合唱的内容选好了，朗诵的内容我们也绝不能掉以轻心。学生经过热烈的讨论，最终决定选择我们最近在班级里一起分享学习的一首非常有气势的《满江红·怒发冲冠》来展示。

顺利的排练过程大大超出了我的预期。学生只要打开音乐，就会自觉地拿出歌词来跟着唱，甚至都不需要我多说什么。如果哪天我忘了打开音乐，他们还会提醒我："老师，老师，赶紧打开音乐，我们练两遍吧，今天还没唱呢！"就这样，时间很快就到了合唱比赛的前一天。

我们用一下午的时间来排练，做最后的确认，学生个个精神抖擞，十分配合。我们一遍遍和着伴奏，把精心准备的动作反复地练习。即使时间有点久，也没有一个学生喊累。我再三叮嘱主唱们，一定要把家里最漂亮的衣服拿到学校里来。就这样，我们一起期待着第二天的合唱比赛。

城阳区国城小学歌唱朗诵节

比赛当天，学生给了我更大的惊喜。主唱们拿来的服装一套比一套华丽，有的甚至为了更好的效果去租借了演出的服装，热心的家长也赶到班级为学生化妆。我心里有种说不出的感动，只希望能和学生留下这美好的回忆。

终于上台了，我站在台下，听着学生动听的歌声、铿锵的诵读，欣赏着曼妙的舞姿，数日来的情景重新浮现在眼前。我和学生都喜欢这样的活动，可以在快乐中凝聚团结的力量，释放自己的情怀。

"冬日好赋腾飞曲，盛世当歌奋进诗"，与国同梦，不负少年。

舞台上他们朝气蓬勃、积极向上，舞台上他们认真努力、奋勇前进。他们是初升的太阳，他们是祖国的花朵。诵读，用最和谐的韵脚，表达着自信与骄傲。歌声，用最动听的旋律，传递着幸福与微笑。

这是一位教师内心深处最为真实的感受，在与学生的排练中生成，在与学校的相伴中扎根，这样的记录是我最想看见的，也是我最为自豪的。在国城小学，我们以"十个一"项目为抓手，以校园十大节日为平台，将歌唱与朗诵作为学生所需掌握的重要艺术技能。

时时开展，事事落实，学生在歌声中陶冶情操，在诵读中继承传统，实现多方面、全方位成长！

万物皆可"数" 学习乐无穷

点、线、面、体，勾勒大千世界；加、减、乘、除，演绎无限苍穹。数学能给你以上一切，数学使你拨动心弦！

我从不认为数学是枯燥乏味的，因为学校的数学文化节总能让我品味数学文化的"饕餮盛宴"。

走进一年级，琳琅满目的作品令我应接不暇，学生放飞想象的翅膀，翱翔在数学的天空。低年级是培养学生学习兴趣、养成良好习惯的关键期。数字诗配画，在品味经典中融合数学之美；七巧板贴图，动手剪贴，在拼组中发挥想象力，广受学生的喜爱。学生心灵手巧，个个都是拼搭高手。

"校长，你看，这是我的作品！"

"校长，看看我的，我的比他的还好！"

一个个小脑袋凑过来，我应接不暇，笑呵呵地给他们竖起大拇指。

再去看看二年级，学生巧手展创意，在趣味中学数学。今天他们好像在学习时间，因为海豚、螃蟹、章鱼等各种形状的小时钟已经映入我的眼帘，学生不愧是时钟小达人。这种

数学文化节学生进行数学故事演讲比赛

创新的形式让学生不仅体会了时间的长短，也体会了时间的价值。

"校长，快来我们班听听我讲的故事。"

一个个小小演说家，分享着数学绘本，拓宽了数学视野，让我倍感欣慰。学生的一个个想法新奇独特，一件件作品美轮美奂。

"没到过年过节，你们咋贴上窗花了？"面对我的疑惑，三年级五班的班主任告诉我，这是学生的作品。仔细观察一下，圆形、六边形……每个窗花还有大学问呢！巧手剪窗花，在剪的过程中体验对称之美；巧手拼图，拼出自己的童话世界。我不禁感叹学生的创造力和想象力。

"加油！快算！赢了赢了！""风雅楼"的喊声此起彼伏，原来四年级的学生在进行"24点"挑战赛。巧算"24点"，拨弄思维琴弦，计算速度比我还快，惊讶之余我不禁感慨，现在的孩子都这么厉害了吗？令我印象深刻的是在数学故事大赛中，一个个"小绅士""小淑女"津津乐道着圆周率和数学中的黄金分割，我在后面听得津津有味，甚至都有了"拜师学艺"的想法，现在的学生不得了！

五、六年级的数学课似乎更"高深"一些。数独游戏，玩转数学；数学小报，益智乐学；数学节图标的设计，更是给予他们展示自我的机会。各种形状的思维导图，不仅理出数学知识的体系，而且展示了学生高超的绘画技术和想象力。

数学是一局扑朔迷离的棋，你可以绞尽脑汁，享受柳暗花明的喜悦；数学是一支百转柔肠的曲，你可以屏息凝神，体会千变万化的美妙。孩子们感受着酣畅淋漓的数学盛宴，数学文化的种子已然播种在校园的每一片角落。

文明礼仪先行，争做风雅少年

"校长，我要跟你说个事。"我路过二年级四班，还没进门，小刚大老远就迎了上来，迫不及待地跟我分享刚才发生的事情。

"刚刚有同学在外边跑，差点撞上隔壁班怀着小宝宝的老师。幸亏我及时拦住了他，跟他一起给老师让路，要不然可麻烦了。老师在门口表扬我了，说我有礼貌，还问我是哪个班的，我大声告诉他，是二年级四班，徐老师班的。"小刚气喘吁吁地把刚才没讲完的话接上。

"是吗？你可真棒呀，这下其他老师都知道你是四班的小绅士了！"我连忙把他表扬了一顿。要知道，眼前这个穿着值日班长背心的小男生，在一年前可能是这个故事里闷头乱跑的那个角色。

我是一年前知道小刚这个孩子的"英勇事迹"的。在去年的一年级新生见面会上，班主任们照例需要点名来确认孩子是否到齐。我走到一年级四班，看到孩子们朝气蓬勃的脸蛋，还没来得及高兴，戏剧性的一幕发生了：当班主任点到"陈小刚"的时候，连着点了三次名字，仍没有人作答。我也跟着班主任的目光在全班寻找，难道还没来？这时，一个小男孩正被爸爸从桌子底下揪出来。爸爸满脸通红，跟老师和我举手示意。在其后一个多小时的见面会上，我几次观察这个小男生，不是躺在椅子上，就是趴在桌子上，虽然旁边的爸爸一直在提醒，小男孩还是没办法坐端正。那会儿我就在心里想，接下来的日子班主任要在这个小男孩身上多花些时间了。

果不其然，刚开学一个周，这个小男孩就给各个任课老师留下了深刻的印象。上课在桌子底下乱爬，来回摇晃椅子，迟到也从不喊报告……诸如此类的行为，比比皆是。

一个星期以后，一年级的老师都知道四班有一个"调皮"的学生叫陈小刚。年轻的班主任尽心尽力，却因为缺乏经验没办法给孩子提供帮助。众所周知，孩子的行为是本身心理活动的外在表现，跟家庭教育也有很大的关系。通过和他父母的交流，我了解到，小刚的父母工作都非常忙，孩子平时跟爷爷奶奶一起住，老人家都特

感恩节活动现场

别宝贝这个孙子，百依百顺。别说批评孩子，对他大声讲话都是没有发生过的。这就导致小男孩不懂礼仪规矩，更别说养成良好的习惯了。

摸清楚根源了，我便和班主任商量，开始对症下药。9月份是学校的礼仪月，要举行为期一个月的礼仪教育。学生经历了一个暑假的放养，需要这样一个过渡期来收收心，规范各方面的习惯。在礼仪节众多活动中，有一项是每个班推选两名学生作为学校的小绅士、小淑女参加学校的表彰，获奖的学生可以获得带有学校 logo 的小奖牌。这是学生入校后第一次参加学校的活动，借着这个契机，班主任们正好在班级和家长群里宣传了一番，鼓励学生全员参与到这个活动中来，也期待经过这一个月的活动，能看到学生不一样的变化。

为了这次活动，学校准备了两种特别漂亮的表格，从家庭礼仪和学校礼仪两个方面设置了积分量表。家庭的量表由爸爸妈妈负责打分，学校的量表由教师负责打分，这是面向全体学生的。还有一个进步量表，这个量表是班主任单独给像小刚这样的学生设计的。

这天，我悄悄站在一年级四班的后门，班主任趁晨读的时间给学生宣读了这个活动，还没等说完，教室里已经沸腾起来。一双双小眼睛里充满了渴望和信心。我偷偷瞥了小刚一眼，发现上课不怎么抬头的他，听到奖牌这个词的时候也把头抬了起来。下了课，我把小刚单独带到校长办公室，并把那份与众不同的量表送给了他，别的学生需要一周完成 5 次的任务，他只要做到一次就可以获得积分。小刚信心满满，不断地点头，蹦蹦跳跳地回到了教室。

知易行难，活动开始后的第一节课，班主任和我说他明显感觉到小刚努力想表现的心情，但还是很难端端正正坐下来。即使如此，老师也不会落下任何一个表扬他的机会，哪怕举手姿势比较端正，老师都会好好表扬一下，让他上来给同学们做示范。一周的活动结束了，小刚虽然没有获得表彰，但是各个任课老师都在表扬小刚的进步："小刚今天不错，上课没有往桌子底下钻啦。""小刚今天上课回答了一个问题。""小刚今天见到我主动问好啦！"……

小刚的进步，我们每个人都看在眼里。

虽然没有获得小绅士的奖牌，但这颗文明的种子种在了他的心里。我和老师们也相信，在周围人善意表扬的雨露滋润下，这颗种子会生根发芽。2023 年礼仪节，小刚成了四班的文明宣讲员，他带着鲜红的绶带向其他小朋友宣讲文明礼仪，还代表班级参加了文明礼仪演讲比赛。

"人无礼则不生，事无礼则不成，国无礼则不宁。"学校礼仪节至今已经走过了 5 个春秋，这颗文明的种子也伴随着礼仪节种在了每一个国城宝贝的心中。期待每一个国城宝贝都可以在各种活动的锻炼下，成长为学识卓雅、品性高雅、举止优雅的慧爱少年！

无体育,不国城

让孩子们学会游戏

作为一个充满游戏精神的乐观者,"游戏"对于我来说,有特别的意义。小时候,父母工作很忙,无暇顾及我,学校功课轻松,又没有家庭作业,我便有了大把自由自在的玩耍时间。

春天,寻觅田野,桃李争妍。翠绿的叶,多彩的花,次第交叠在眼中,这是大自然给我上的第一堂美学课。夏天,是我玩得最尽兴的季节。骄阳下,河水泛起微光,水底的石头和水草都清晰可见。每次吃完晚饭,小伙伴们都迫不及待地在空地集合,玩老鹰抓小鸡、扔沙包、跳房子、跳皮筋等花样繁多的游戏。那些游玩的场景至今仍历历在目,偶尔想起,满是甜蜜的味道……秋日摘果,冬日耍雪,我的童年时刻与"游戏"相伴。如今回想起来,我特别怀念也特别感谢那段经历,这既是我学习理解和体验周遭世界的基本方式,也让我体验到了自由的天性得以释放的乐趣。

反思:去哪"游戏"?

有一天,我照常穿梭于走廊之间,感受学校浓厚的"学习"氛围。恍然间,我感觉哪里不对劲。细细思索,原来是下课铃在耳边响起,我却没看见一个孩子涌出教室。每个班级的老师都会在铃声响起的那一刻或多或少地"啰唆"几句,你一句我一句,我不禁感叹孩子们哪有时间去"游戏"?

如今,"游戏"已经成为一个"濒危物种",许多孩子丧失了玩耍的权利。各种辅导班、兴趣班充斥着生活，孩子们的行程被安排得满满当当。游戏被视为一种可以牺牲的、微不足道的消遣。

行动：来这"游戏"！

教育大师罗宾逊说："自在、自发的简单游戏行为有助于释放孩子与生俱来的创造力、想象力、兴趣和才能，有助于孩子探索自我，并赋予他们面向未来的宝贵技能。"游戏是童年时代最快乐的事情，是真正属于儿童的生活，也是最适合儿童生长的土壤。重新认识和评估玩的方式，是学校破解成长难题的重要突破口。

于是，我们将每年的五月定为"体育游戏节"。在"慧爱"思潮的凝聚下，让学生突破"课"的限制，在"节"中尽情游戏。学校"体育游戏节"全面落实体育游戏制度，游戏活动聚焦"动起来、玩起来、赛起来"，在游戏中落实"健康知识＋基本运动技能＋赛场运动技能"的体育模式。

体育游戏节主要以"阳光大课间""快乐午后""玩转赛场"三个模块进行，活动形式多种多样。班主任们利用课间时间向学生征集方案，了解学生想"玩儿"什么。绿茵操场是学生尽情挥洒汗水的地方，他们拥有属于自己的快乐时光。我常常看见老师们被拉入这场课间盛会，踢毽子、跳皮筋、木头人……他们在游戏中笑、闹，我也享受这种欢乐。

不仅如此，"玩转赛场"也充满趣味，在学校亲子运动会和趣味运动会上，学生拥有自己的"仪式感"，他们以"海军蓝""中国红"为主题精心准备了独一无二的入

亲子运动会上，家长和学生开心奔跑

场式，让我们看到了学生的才华与潜力。我站在看台上，欣赏学生自信的笑颜，感受学生团结的景致。运动赛场上，每个学生都能找到适合自己的项目，本着"友谊第一，比赛第二"的原则，学生尽情欢乐，那些平时学习落后的学生往往带给老师更多的惊喜。当然，在这场盛会上，学生还可以邀请外援，父母的参与让学生的玩耍有了"底气"。看着一家合作"跨过一座山""越过一条河"，洋溢的笑容、流下的汗水，我按下相机，定格美好，记录感动。我依然清楚地记得，一位家长在比赛完深深握着我的双手说："真的要感谢您，我们平时陪伴孩子的时间太少了，这样的亲子活动更是几乎没有。我们能看到孩子的进步，真的特别满足……"后来，我们又在学校举行亲子校级足球、篮球比赛，为家庭提供相处的机会，为学生提供拼搏的舞台，体育节又有了它新的意义。

　　体魄之强健是学生茁壮成长的前提，更是其将来立足社会的重要基础。体育已经成为国城学子热爱的运动，作为学校四大特色之一，除了开展丰富多彩的体育活动外，学校充分利用资源，开发卓雅课程，即校本课程。根据学生的接受能力，分层级安排乒乓球、足球、篮球、排球、速度滑冰等特色课程，确保学生能够掌握一项运动技能。在近百项趣雅课程中，体育占有一席之地，轮滑、棋类、羽毛球等社团人气爆棚。为了让有体育特长的学生走得更远，攀岩、击剑、健美操、武术等10余项精雅课程将学生送上全国、省、区、市的赛场，国城学子不负众望，取得优异成绩！

　　学校应该是孩子游戏的学园、成长的乐园。孩子与生俱来的学习能力，应当在学校这片乐土中得到发展。游戏驱动着他们去发现、去探索、去实践，体育造就他们良好的体魄，让他们收获属于自己独一无二的童年。我想，这才是"慧爱"教育应有的初心和本真！

攀岩小将成长记

　　"校长，我们夺冠了！"听着体育老师在电话另一端的兴奋声音，我也按捺不住内心的喜悦。望向那片承载着孩子们欢笑与汗水的竞技场，思绪也随之涌来……

　　仍然记得训练场上那个不畏艰难的攀岩小将田睿林！抬头仰望那高耸的墙壁，

六年级的田睿林显得那么弱小，让我不禁对正在攀岩的小勇士肃然起敬。

　　一声哨响，挑战开始了。只见他抓住绳梯，一步一步向上爬。开始爬得比较轻松，不一会儿就到了半山腰。我暗自窃喜：看这小朋友的架势，攀岩不是很难啊。后来才得知田睿林的内心是那么紧张和不安，当他咬牙发力时，忽然脚底一滑，一个趔趄没有站稳，眼看就要摔下来，台下的同学们屏住呼吸，女孩们发出一声声尖叫，我的心也揪了起来。虽然说有安全措施，但我还是为睿林捏了把汗。就在千钧一发之时，只见田睿林伸长胳膊，猛地握住一块岩石，一个巧劲，外倾的身体又回到墙壁之上。"好！""太棒了！"加油声、掌声充斥在这个小小的体育场。后半部分很是顺利，坚持不懈的努力让他再次摸到顶峰的红旗，只是再次下来的时候，一颗颗豆大的汗珠从额头上渗出来，汗水早已打湿了衣襟。

　　田睿林告诉我，他也有过不敢前进的时刻，甚至有想放弃的念头。可每每看到忽隐忽现的同学都在仰头看着自己，教练也在下面一直鼓励着自己，自尊心激励他不断向前！伴随着这样的信念，他振奋了，重新迈开步伐，一步一步向上爬。

　　年仅 14 岁的他，遇到过很多困难，有过在放弃边缘的徘徊，也有过因无法兼顾学习与练习的无奈……但通向山峰之巅的路，没有一条是笔直的。双手攀爬成功路，汗水浇灌幸福花。竞技体育，追求的是更快、更高、更强！哪有什么一战成名，无非都是百炼成钢；哪有什么常胜将军，无非都是越挫越勇。可他并不想止步，亚洲第一、世界第一是他的梦想，他正朝着国家队努力迈进。

国城小学攀岩小将参加比赛掠影

"崇尚英雄才会产生英雄，争做英雄才能英雄辈出。"学校自 2017 年创建现代运动攀岩场，是城阳区唯一的小学中独有的攀岩训练场。训练场上攀岩小将们不畏困难、坚韧向前，助力学校攀岩项目迅速发展。攀岩队代表学校多次参加青岛市、山东省乃至全国赛事，捧回了 10 余个冠军，学校也荣获"山东省攀岩示范校"荣誉称号。队员们似乎找到了成长的新方向，说实话，我从未想过小小的攀岩项目竟有如此神奇的效果，像田睿林这样的运动健将有很多，家长们感激我发掘了孩子身上的天赋，并将这种天赋激发出来，为他们的学业生涯规划奠定了基础。其实我更应该感谢这群孩子，让我看到体育人身上顽强拼搏的毅力。

体育是什么？是一刹那浸润的风雅，是一秒钟释放的阳光，更是慧爱中不可或缺的一角。如今，国城小学操场上奔跑的身影依然充满活力且勇敢执着，属于国城小学的体育故事，正在书写……

绿茵场上展风采

作为学校传统精雅课程之一，足球一直是国城小学的特色体育项目。学校组建男女足球队，以"团结""智慧"为球队精神，将校足球队发展成了一支具有拼搏精神的"神奇"队伍。在学校体育老师的带领下，足球小将们活跃在"区长杯"等各个赛场，更是奋力斩获多项冠军！"全国足球示范校"荣誉称号也随之花落国城。

12 岁的小宁是学校四年级的学生，作为学校球队主力的他，担任司职前锋、前腰位置。他常常说："我要把握住机会，进球就是我的'工作'。"绿茵场上的他，脚法娴熟，反应迅速，前场组织能力出色，总有一股不服输的拼劲。小学一年级的时候，他在学校趣雅足球课上被选中，半年后加入学校足球精雅社团，于是每天放学后练习踢足球，周末加训加练，已然成为这位足球小将和学校足球队员们的生活常态。

我明白得天独厚的育人环境是学生成长发展的助推剂。作为足球强区，城阳区深入贯彻落实党的教育方针和振兴足球战略部署，致力打造青少年足球名城，形成政府主导、社会参与、统筹推进的校园足球发展"城阳模式"。学校也紧跟区域潮流，几年来的校园足球建设，让我们明白了要想真正让学生享受"快乐足球"，就必须从思想上提高认识，转变唯成绩论的错误观念，创新思想，认清"慧爱"足球的发展方向。

我认为，校园足球运动不仅能强健体魄，更能培养学生的组织纪律观念、集体协作精神和勇于拼搏、坚忍不拔的意志品质。它在带给学生精神快乐和心灵愉悦的同时，也促进学生的全面发展，这与学校"慧爱"文化方向不谋而合，对学生素质的提升也有良好的推进作用。为此，学校以"绿茵教育"为理念，以"追梦、自信、顽强、灵动"为宗旨，让学生在快乐与追梦中成长。

2016 年秋，我和团队在学校体育特色的发掘中步入瓶颈期。打造什么特色？从何处入手？让我们有些犯难。年轻的体育教师一致认为足球可塑性强，我们便给了这群冲劲十足的年轻人最大的支持，学校足球特色开始萌芽。从刚开始的 2 人发展至今，学校与足球相关体育教师共有 7 人，其中外聘 2 名俱乐部的专业教练，皆为专业足球队退役球员，足球训练和教学经验丰富，有较强的组织体育竞赛能力。学校也认真做好足球教师的理论学习和技术培训工作，通过"走出去、请进来"，观看录像片、举办足球培训等方式提高体育教师的素质。

有了优秀的专业教师队伍，搞好校园足球教育教学成了我们这几年发展足球特色的重要工作。体育课提高足球教学的比例，学年初体育教师要制订好学期、学年足球教学计划，学校有足球专项经费，学校宣传栏有相关足球知识的宣传。我们也支持学生观看足球比赛，并充分利用体育课、大课间操等，切实保证每生每天 1 小时的体育活动时间。在平日的教育教学中，我们更是把足球基础技能教学作为体育课的必修内容之一，确保每节体育课至少拿出 15 分钟进行基础训练；开发足球课程资源，根据学生实际情况，开发编制国城小学足球校本教案，由各个年级的体育老师任教，实施适合学生年龄特点的足球教学。

优质的教师队伍让学校足球特色迅速发展。学校最初创建了足球兴趣小组作为趣雅课程进行发展，吸纳了有兴趣的学生参与足球活动，继而进一步发展成为精雅课程小组，建立了校级男、女足球代表队，打造特色足球品牌。为更好地统筹安排教师资源，做到足球教师、学生、训练时间、训练场地器材的"四落实"以及早晚的"每日双练"，每次训练时间不少于 2 个小时，有计划、有记录，保证完成质量。同时，学校长期开展课余足球训练，由专门的教师执教。

面对孩子们的成长，我看在眼里，喜在心里。在初始训练阶段，我看着教师着重抓好基础的技术训练，主要让学生对足球技术有进一步的认识，足球小将们生机勃勃；到综合训练阶段，教师采用简单战术配合的训练，并在此期间向学生传授足球裁判规则，使队员们掌握一定的战术和规则并加以运用，孩子们在配合中成长迅速，一支队伍在逐步形成。经过打磨与成长，学校足球队日臻成长，培养出一批优秀的小足球员，多次代表学校出征"区长杯"等区级比赛，并斩获冠军，为学校赢得荣誉。2018年，"歌德杯中国"在青岛市城阳区拉开帷幕，来自世界各地33个国家的306支球队齐聚城阳，展开了一场为期一周的足球盛宴，国城小学作为本次比赛的分赛场，承接中国、菲律宾、蒙古等国的8人制比赛共26场，学校也被教育部评为"全国青少年校园足球特色学校"，足球特色在阳光下逐渐开放！

在国城小学，足球不仅是一项运动，更是多彩活动的塑造。足球竞技赛是班级活动的重要组成部分，小组互助训练、球员的选拔、啦啦队的组建都凝聚着班级团队活动建设的心血，也是校园文化的一个缩影。学校春、秋两季运动会都会安排足球相关活动，"趣味足球"让学生在实战中检验自己班级的训练水平，展现团队间的合作精神与默契配合；"师生足球对抗赛"更是让学生和教师站在同一舞台上公平竞争，这不仅让学生更喜爱足球，也让师生之间的距离更近一步。每年一度的校级足球友谊赛，将足球比赛推上高潮。比赛的结果并不重要，重要的是正因为有这样浓厚的足球氛围，学生在教师和家长的陪伴下乐此不疲地享受足球，也进一步拉近了学校与家长之间的关系。多样的足球活动造就了学生多样的成长。

绿茵场上，我时刻盼望充满生机活力的学生绽放光彩！

足球队的孩子们在进行日常训练

写好中国字，做好中国人

"亲爱的同学们，'午练字'时间到了。来，让我们做好写字准备，做到：两点靠、八字形、头抬高、脚放平。写好中国字，做好中国人。"

每天中午的 12:45，学校的小喇叭上总会响起温柔的提示音，伴随着悠扬的乐曲，国城宝贝们都知道，这是每天一次的"午练字"时间。

"一指二指捏着，三指下面顶着，四指五指藏着，笔杆向后躺着，笔尖稍稍斜着。"只有正确的握笔姿势，才能保证书写的工整和字体的优美。"眼离桌面一尺，胸离桌子一拳，手离笔尖一寸。"正确的坐姿，既能确保写得一手好字，也能保证视力不受影响。

为更好地让学生接受写字上的专业指导，学校引进"一帆软件"，对学生的写字姿势、握笔方法以及每个字的书写技巧进行细致的讲解，由语文老师逐一纠正，学生的写字水平和能力得到大幅度提高。翰墨飘香，丹青溢彩。一笔一画传承经典，书法是中华民族的文化瑰宝。一点一横、一撇一捺都倾注了学生写字的用心与专心，学生写得认真、美观，颇有"小小书法家"的风范！教师长期带领学生坚持午间习字，"习字亦修心"，心无旁骛，专心写字，修身养性。一字一世界，一笔一乾坤。横平竖直皆风骨，撇捺飞扬是血脉！书法的灵性，藏在每个中国人的骨子里，国城的校园里，小小书法家的种子悄然萌芽。

为着力营造浓郁的校园文化氛围，让学生从小练就一手好字受益终生，学校还通过开展"写字比赛"，开设硬笔书法和软笔书法趣雅课程，定期举办写字节等活动，极大地激发了学生写好汉字的积极性，增强了学生对汉字艺术的了解和喜爱。近年来的很多高考状元，有一个共同的特点，那就是写得一手好字！正所谓"台上一分钟，台下十年功"，想在考场上写出优秀字迹，一定是平时坚持练字的结果。学校重视学生学习习惯、书写习惯的培养，真正做到"提笔就是练习"，努力营造出墨香怡人的校园。

每年的写字节教在学生聚精会神的书写中拉开帷幕，写字节的精彩远不止于

"横竖撇捺"，更在于对文化的传承与发展。作为青岛市甲骨文示范学校，学校精心打造了"常规固化＋特色创新"的甲骨文校园特色，建立完善的"读写诵"教学体系，营造"润心润行"的校园文化，使得甲骨文特色教育有计划地走进了校园、融入了课堂、滋润了心田。为进一步拓宽专业视野，学校邀请中国海洋大学刘承智博士、青岛大学房振三教授进行专题培训，从甲骨文鉴赏、甲骨文的渊源、写字教育教学等展开指导。同时，学校不定期开展"教师甲骨文三笔字"比赛，将甲骨文学习从理论角度上升到实践层面，通过校本培训活动加深了教师对甲骨文的理解，提高了书写技能和执教水平，为深入有效地提高甲骨文教育质量提供了重要保障。

写字节中学生认真写字

为了让甲骨文更好地走进校园，学校创建了甲骨文教育基地，处处彰显甲骨文文化色彩，为师生学习甲骨文提供便利的条件。"国"字石演绎"国"字的发展历史，乐陶园中甲骨文作品琳琅满目，华夏厅中承载着从河南安阳走来的文化精神，文字乐园里孩子们在甲骨文的海洋里尽情遨游……学校还拨出专项资金设计了书法教室，购置了甲骨文书籍，专门设计"甲骨文知识窗""汉字演变""姓氏的演变"等多个板块，在校园文化建设中融入甲骨文的元素。教室的墙壁也成为环境建设的主要阵地，开辟有"小小甲骨文家""甲骨文知多少""甲骨文一角"等栏目，为学生的展示和学习提供了舞台。学校通过微信公众号定期发送"甲骨上的精灵"和"十二生肖知甲骨"系列宣传教材，专栏内定期上传历代书法家作品、书论以及师生优秀甲骨文作品，让师生对甲骨文有了初步的了解，产生了浓厚的兴趣，让甲骨文真正走进校园、走近师生身边，继而提升师生甲骨文素养。

甲骨文进课堂是建设特色学校的重要举措。在语文课上，将甲骨文引入识字教学中，既能激发学生识字兴趣，又能追本溯源使学生了解中国文化的博大精深；在美术课上，学生用多彩的颜料创作出精美的甲骨文宣传画和手抄报，盘子、纸杯都是学生进行创造的工具；在音乐课上，教师带领学生创编甲骨文舞蹈，用音乐感知文化的魅力；在体育课上，别具风格的甲骨文操使学生充满兴趣，学生强身健体的同时又能深入学习甲骨文文化。除了国家规定的基础性课程之外，在学校的趣雅、卓雅课程中也不乏甲骨文的影子。

在3D打印社团，学生制作精美的模型；在书法社团里，一幅幅墨香勾勒出中华汉字的博大精深；泥土是大自然馈赠给孩子们的礼物，陶艺社团积极进行龟壳甲骨文和陶艺甲骨文创作；在剪纸社团，十二生肖和百家姓的甲骨文作品布满教室。多彩的社团活动将甲骨文特色融入其中，展示了不一样的魅力。

学校开展丰富多彩的甲骨文系列活动，让学生在多彩的活动中接受传统文化的洗礼。各年级开展"一枚春的书签"设计比赛，将图画与文字融合，让学生感受甲骨文的魅力；通过"畅想诗情，扇面诗文"活动，学生在扇面上猜字识字，营造轻松愉悦的识字环境，激发孩子识字的热情；学校积极开展"甲骨文进我家"活动，鼓励

剪纸社团的甲骨文作品

学生邀请家长参与"甲骨文学习单"的共同研究中。同时，学校定期开展"人人写好字"比赛以及"春联进万家""甲骨文故事会"等活动，让学生在听、说、读、写、画中感受文化，品味文化。在校庆期间，学校将甲骨文识字作为闯关的重要项目，学生在比赛中激发兴趣，增加对甲骨文文化的热爱，使传承的种子在心中生根发芽。

笔走日月，字写人生。写字要用心，做人要真诚。"一点一提开头要紧，横平竖直堂堂正正，一撇一捺收笔要稳，横折弯钩力度柔顺，一笔一画起伏挫顿，先意后笔翰墨有神。"中华大家庭，四海皆同心，写好中国字，做好中国人，是每个中国人永远的第一课。

春光美如斯　少年读书时

　　漫步在春意盎然的"慧爱园"里，总能在不经意间遇上正捧着书本的孩子。每每遇见，我便会情不自禁地驻足欣赏，欣赏这春日里最动人的光景。我看着学生在书本的世界里时而眉头紧蹙，时而嘴角上扬，不禁感慨：当你爱上读书的时候，整个世界就爱上了你！

　　"蹉跎莫遣韶关老，人生唯有读书好。"如何让阅读真正融入学生的生活，让读书成为一种习惯，是我不断思考的问题。于是，在春暖花开之时，以"读、写、讲、画、做、赛"为主题的"读书节"如约而至……

　　真正的阅读没有边界，学校积极响应城阳区教育的读书号召，在校园内设立多个微型书屋和电子阅读区。与此同时，多次邀请儿童文学作家张吉宙、著名作家张嘉骅等名家做客学校"风雅书苑"。名家题字的"山海经书屋""野天鹅书屋""青草湾书屋"中各有图书约5000册，满足不同年级学生的阅读需求。

　　学校的墙壁上、教室的黑板上贴满了学生的读书小报，校园广播站里定时响起的名家小故事吸引着学生静心倾听。读书节的开展，让校园的每一个角落都浸润着书香，散发着墨韵，润物于无声之中。

　　读书节的有序开展，持续调动着学生的阅读积极性。有需求，更要有保障。为此，学校特意购置了全国立言教育学生主题阅读用书，自编语文校本教材"七日阅读"。通过主题阅读课的构建，提高学生系统阅读的理解能力和语文分析能力，为写作奠定基础。

　　同时，学校依托"十四五"规划学科课程整合研究，以阅读为导向，引领学科发展，创新读书活动。例如，学生将自己最喜欢的课内外名篇拍成小视频参加学校的"你读我诵，声声传颂"阅读比赛；学校"青青草悦读社""爱阅团""小银杏文学社"等语文社团随之建立，婉转悠扬的乐曲配上学生朗朗的读书声，让阅读的力量真正浸润心田。

　　丰富多彩的活动是激发学生读书兴趣的有益途径。学校以读书节为契机，通过

读书节期间，学生在校园的各个角落畅游书海

线上、线下相结合的方式，鼓励学生参与读书沙龙、撰写读书笔记、发布读书语音、展示思维导图等，学生的每一次阅读积累都会装入自己的成长档案。

"问渠那得清如许？为有源头活水来。"学生阅读量的增长对教师的阅读水平和能力提出了更高要求。在国城小学，"慧爱读书会"的建立让老师们"每月共读一本书"的良好习惯悄然进行着，延续着。在定期举行的读书交流分享会中，教师的读书收获与感悟碰撞着……

读书，不能只局限于课堂，不能只限定于校园。阅读，应该成为生活的滋养剂，成长的补给站。我们在家长群体中招募"故事爸爸""故事妈妈"，把家长请进课堂，为学生讲述阅读故事。除此之外，学校每周六为家长开放校内图书馆，积极开展"亲子共读"活动，每月评选读书小达人和书香家庭，努力让阅读真正走入学生的日常，让读书成为一种习惯。

会读书，读好书，好读书，学会正确流利地读，有感情地读，在读中感悟。2021年，学校成立吟诵先行团，省特级教师、齐鲁名师韩立菊作为吟诵方面的专家顾问，带领教师进行吟诵专题课堂学习研讨。语文教师每周一次诵吟教研，吟诵骨干一月一次课堂展示，一学期一次名师引领课充实学生课堂。学校成立吟诵实验班级，开设吟诵趣雅课程，为骨干教师配备了吟诵教材、吟诵国学系统及机器，对吟诵教学时间进行合理规划。每天清晨，教师利用晨读时间使用吟诵国学系统进行吟诵；每天下午的暮诵时间，吟诵的声音又在校园里回响。

现在，经典吟诵已经成为学校特色校本课程，吟诵实验班级的教育经验也推广开来。学生用吟诵的方法学习古诗词，达到声、情、义理融会贯通。在一次次的尝试中，"山东省中华经典诵吟特色学校"的称号也花落国城小学。

阅读不能改变人生的长度，但却可以改变人生的宽度。读书是我们每个人更新知识、获得智慧的基本方法之一。苏轼有云：腹有诗书气自华。黄庭坚也曾说：三日不读书，便语言无味，面目可憎。愿每一位国城人永远保持读书的状态，与书为友，用最静心的阅读填实自己比天空更广阔的心灵。

第三章

我们的双向奔赴

八载光阴，八载奋斗，超越八载的温情，我们的团队从20人充盈到了200余人。我与他们相伴，以真心做红线编织成了今天的国城小学。8年间，我努力为教师搭建平台，让成长与之相随；8年间，我尽心将关爱给予他们，让温暖与之相伴；8年间，他们厚积薄发，在属于自己的舞台上闪闪发光。我与我的团队一直是双向奔赴……

管理：年轻不惧风浪

高效管理成就品质学校

今天，学校承办了城阳区的少先队建队日活动，整个过程还算圆满，我很高兴。我的愉悦不仅是因为活动的成功，更在于随行领导那句不经意的表扬："你们的管理团队真的很团结。"

学校的管理团队一直是我引以为傲的"王牌"，我常对他们说，这个学校可以没有校长，但是不能缺少你们其中的任何一个。

从建校以来，我一直在努力培养一支有思想、有能力、敢向前、会反思的管理队伍，事实证明，现在已经有了很大成效。

学校中层共有 16 人，"80 后""90 后"占了半壁江山。可以说，这是城阳区最年轻的管理团队，大家都说年轻人没经验、不稳重，我却觉得与经验相比，有朝气、肯学习、负责任、思想与时俱进、方法丰富新颖更重要。在我们几位"老人"的带领下，整个团队呈现蓬勃向上的局面，两位副校长先后走上校长的岗位。

学校实行三级管理目标，校长统筹，三位副校长主抓，各中层干部具体负责。在管理中，我发现很多任务不能及时完成，追本溯源，并不是中层偷懒，而是因为每个人的事情都很多，难免出现遗漏，于是办公室建有专门的信息阅览群，上级部门布置的各项任务，所有领导干部做到心中有数，改变了以往"谁负责谁知晓"的现状。学校建立工作记录表，由专人负责，及时督促负责部门完成，做到提前规划、事事督查、及时上报，事事有回应、件件有落实。

　　每周五的中层例会是大家思想碰撞的时刻，我要求所有的中层干部反思上周工作的不足，并对下周的安排作出汇报。对于较难解决的棘手问题，集思广益，说到兴奋处，往往到了中午都意犹未尽，这是我理想中的画面，例会本就不是校长的一言堂，需要更多的声音和想法。

国城小学定期召开中层例会

　　我常想，什么叫团队，顾名思义就是一支团结的队伍。分则各司其职，合则所向披靡。团队里的每个成员都要有打铁还需自身硬的能力，有凡事以身作则的觉悟，有遇到困难冲在前头的精神，在关系学校发展的重大事情面前，每个成员又要跳出自己的舒适圈子，齐心协力拧成一股绳。

　　国城小学作为局属学校，承办过全国、省、区、市的各级活动。每一次活动，我要求必须严格按照计划—实施—检查—处理（"PDCA"闭环式管理）模式开展，以少先队建队日活动为例，在项目负责制中，少先队大队辅导员制定初步方案，经分管副校长修改后上会讨论，各中层在活动中各有分工，如政教处负责工作中的签到、测温、卫生，具体任务再由政教主任安排到个人，实现"处处有人管，事事有人干"的目标，所有工作在规定时间完成后报活动主负责人审查，负责人一一落实。在活动中，从校门口迎接领导到结束，所有的中层无一缺席，全程陪同。

　　"你不是分管艺术吗？怎么也在这？"

　　"我们所有的人都有分工，像这样的大活动，作为中层就不能置身事外。"分管艺术的张副校长如是说。

　　每一项活动都不会是尽善尽美，总会有这样或那样的纰漏。人多力量大，虽然活动中我们及时进行补救，但是不得不反思出现的问题。"PDCA"最难的是开头，最容易让人忽视的却是收尾，没有反馈和整改的活动就像一个孩子经常做错的数学题一样，无论再做多少遍新题，还是会出错。所以，我要求每次活动后，活动主要负责人要撰写工作反思，并解决问题，真正完成闭环式管理。

　　现在的我走在校园里，看到的不是活动后无人理睬的一片狼藉，而是干净的仿佛不曾发生过什么，仔细看去，那是一个个忙碌的身影在呈现最后的完美……

安全重于泰山　筑起国城防线

　　这天早晨，按照惯例，我开始巡视校园的每个角落。手机的震动拉回了我的注意力，四年级六班班主任因为班级电线裸露问题在安全群内寻求帮助，我正准备回复，一条新的消息先我发出："我马上去！"维修师傅的一句话让我心里溢满感动，校园安全的重要意义在每个国城人心中发散。

　　一所可爱的学校一定是能让学生茁壮成长的地方，这种可爱建立在安全这块基石之上，所以在国城小学，安全是首位工作，以"安全第一，预防为主"的行动方针为准则，全力以赴将学校安全工作做细、做实、做好，为每一位可爱的孩子保驾护航。

　　校园安全工作事关学生健康成长，事关每个学生的家庭幸福。近年来，在城阳区教育和体育局的领导下，学校坚持预防为主、防治结合、加强教育、群防群治的原则，牢固树立"教育发展，安全先行"的育人理念，时刻保持高度警惕，不断强化学校安全管理。自各项安全工作开展以来，学校迎接省教育厅安全专项督导组、市教育局安全监督管理处等安全检查几十次，学校先后荣获全国中小学先进后勤学校、山东省卫生先进单位、青岛市 AAA 健康校园、青岛市卫生先进单位、城阳区安全工作先进学校等多项称号，学校在多个活动中交流安全工作，分享工作经验，具体如下。

　　校园安全重于泰山。学校成立以校长为首的安全领导小组，以《青岛市学校安

国城小学开展消防演练工作

全管理办法》《山东省学校安全督导检查手册》为指导，制定各项安全管理制度，以"PDCA"闭环式管理推进安全工作常态化，所有环节有计划、有标准、有追踪、有落实。从每周的会议讲安全、说安全、总结安全，到学校安全教育的"11530"模式；即每月一排查、每天一提醒，每日5分钟，重大节假日前对学生进行30分钟安全教育。从学校专门开设的安全教育课到开展的应急疏散演练，都力争做到慎始慎终，不有遗漏。

完善工作制度，落实主体责任

学校根据区教体局安全工作相关要求，结合实际，制定《城阳区国城小学校园周边环境综合治理实施方案》《城阳区国城小学安全工作突发事件报告制度及应急处置制度》《城阳区国城小学安全工作应急预案》《城阳区国城小学档案管理制度》等规章制度，设立档案管理员，逐级签订责任书，坚持贯彻"谁主管、谁负责"的原则，严格落实安全工作校长亲自抓、分管领导重点抓、班主任具体抓的管理机制，具体责任落实到人。每学期初，校长与教职员工签订《国城小学校园安全责任书》，班主任与家长签订《国城小学在校生安全责任书》，职责明确，层层落实。同时，将安全教育工作纳入教职工的量化考评中，对出现的安全隐患追究责任，限时整改，将学校安全管理网络覆盖到校园的每一个区域、每一处角落。

完善安全设施，建设三防队伍

建设物防、技防、人防三支队伍是学校安全的基础保障。学校严格按照上级要求，配齐配足防爆头盔、防护盾牌等物资，不断完善门卫管理制度，在校园监控系统和安保人员 24 小时值班巡逻的双重保证下，维护校园安全。加强隐患排查，教职工将发现的问题反馈至"国城隐患排查群"，及时整改，并接受监督。严格外来人员管理，保证学校封闭化管理，遇到突发情况，可通过"一键报警"直接连接公安系统。学校男教师自发成立护校队，参与学校的应急处相关工作；组织家长志愿者，参与学生上下学安全护导志愿服务；密切联系派出所、交警大队，在学生上学、放学时段到校指挥交通，真正落实"三见警"工作。

开展多样活动，紧抓安全教育

学校结合小学生年龄特点，在推进安全教育过程中，将主题活动作为实施安全预防教育的主渠道，开展多形式的主题活动。

借助开学第一周、5 月 12 日等时间节点，切实开展疫情防控、防溺水、防灾、防火、防毒、预防校园欺凌等主题教育，利用升旗仪式、校园广播、知识竞赛、专题培训、安全讲座等形式落实安全教育月、教育周和教育日活动。每周召开安全教育主题班会，通过组织家长和学生观看安全录像、利用安全教育平台学习等形式切实提高安全教育的针对性和实效性。

在"健康第一"的教育理念下，聚焦"教会"健康知识和技能，学校积极开展各种体育活动、综合实践活动与预防校园欺凌思想道德建设，保证学生每天有一小时的体育活动时间，合理设置课间眼保健操、广播体操、武术操，及时做好学生的体检工作。在班级内开设心理健康教育主题班会，学校配备专门的心理教师定期与学生沟通交流，邀请心理专家到校开展讲座，建立健全学生健康档案，让每个学生都拥有健康心态。

开展应急演练，自救自护活动。学校坚持每学期进行火灾逃生演练、防震演练、应急安全疏散演练、反恐防暴演练活动。针对应急演练，学校邀请消防员、警察、专家与学生进行面对面交流，提高学生应对安全问题的能力。同时，学校建立应急设施设备序列，楼梯、走廊、通道均有温馨提示语和醒目标识，每个楼梯口安排专人进行疏导指挥，操场定位为应急避难场所，保障学生安全成长。

严抓疫情防控，实行闭环管理

新冠疫情防控工作开展以来，学校及时配备防疫物资，包括额温枪、一次性医用口罩等；及时维护测温设备，做好临时留观点的管理工作。学校坚持每周召开疫情防控部署会议，制定疫情防控工作方案、应急预案和应急演练方案，稳步推进安全工作四步法，严格落实"班主任—级部主任—校医—分管校长"四层一并追踪监督机制，根据学生的情况建档建册，实行闭环管理。学校组织全体教职工认真学习疫情常识,统筹安排,联防联控,确保疫情防控工作全面落实,不留死角。

2022年3月14日,国城小学面对突发疫情,立即启动应急处置响应,马上对校园实行封闭管理,按照《城阳区国城小学疫情防控应急预案》要求,迅速形成数据摸排组、信息联络组、材料上报组、隔离协调组、心理关注组、网课负责组、后勤物资保障组七个大组开展各项工作,做到人人有分工,事事有落实,为突发疫情处置积累了宝贵的实战经验。3月22日后,国城小学师生及同居人陆续解除集中隔离,转向居家隔离或居家检测状态。学校领导班子召开中层线上会议,全面落实各种防控措施,落实"三个一"工作安排,即师生因病缺课每日一追踪及时上报,做好学生因病缺课追踪闭环;全区组织每次一核检及时跟进,确保无一人遗漏;师生总体一反馈,在此次意见征集中,查摆问题50余条,学校以此为基础,反思疫情处置过程中暴露的问题,及时解决。

"安全重于泰山",学校安全是一切工作的前提,是重中之重。在今后的工作中,学校将继续坚持"教育发展,安全先行"的教育理念,进一步加强安全工作力度,细化安全管理措施,及时整改薄弱环节,学校、家庭、社会凝心聚力,给学生撑起一方健康成长的蓝天!

让青年干部顶起一片天

林倩,从我见她第一面,就觉得她是做大队辅导员的不二人选她。年轻,有活力,长得也漂亮。在2016年的新教师见面会上,她的发言让我记忆犹新,她说"希望在国城,留下自己拼搏和奋斗的影子,和这个小婴儿一起成长得更好!"那时是刚建校的第2年,学校要发展就需要培养这种敢闯敢拼的中流砥柱。于是我找到她,想让她担任大队辅导员,她受宠若惊的同时又有些不安,我安慰她:"我也是从大队辅导员干起来的,办公室主任、政教处主任以前都干过大队辅导员,这个岗位非常锻炼人,也出人才。"她不好意思地笑笑,随即向我保证:"校长,我一定努力,不辜负您的期望!"随后,我就安排她跟随政教主任学习。往后的日子里我时常向政教主任了解她的工作情况,了解到她工作踏实认真,自身能力过硬。

　　为了更好地锻炼她，我便让她"独立"成长，成为大队辅导员。这对于她是肯定，同时也是挑战，因为她要独当一面，与每一位班主任打交道，与其他部门负责人进行对接，不单单是完成自己手头的工作，更要学习工作中与人交流的智慧。责任越大压力越大，她常常深夜加班，怀孕期间也是经常九十点才回家，每次见到她，我总是会跟她说：歇着干，别太着急。

　　每一次大型活动结束后，我总是召集团队开一个总结会，受最多"批评"的就是她。即使她的神情难掩疲惫，我还是会毫不留情地指出活动中出现的"细节问题"，告诉她组织一个活动要"走一步，想十步"，活动结束后必须有总结和反思，好做法要保留，出现问题要及时沟通和解决，争取活动一次比一次完美。她很聪明，明白我这番话的良苦用心。经过这些年学校对她的培养和她自身的努力，我看到了她的成长，她正在一步步实现初进校时的"诺言"。

少先队大队辅导员林倩

　　通过对林倩的培养，我认识到中层干部是学校管理的中坚力量，他们工作的优劣，直接影响到学校的兴衰成败。因此，用好中层干部至关重要，所以一定要在培养上下功夫。对此，我不仅在政治思想上对他们进行塑造，还时刻关注他们的业务能力。

　　责任的扎根是他们成长的第一步。中层干部从教师到管理者角色的转换是需要一定的时间的。因此，中层管理者不妨先从具体的事开始实践，在实践中完成对角色的认同，并从务实地做事上开启管理经历。例如，年轻的办公室主任在教师考勤方面不一定能掌握奥妙，我不只是简单告诉他怎么按照制度办事，还要告诉他如何考虑实际情况，软硬兼施。教导处在承担活动时，我要严格把关，先提要求，让干部制定方案，再修改审核方案，然后组织分工会，最后在实际运作时跟进，在有些薄弱或忽略的地方及时提醒，确保活动的成功，更要在一次次的提示中重申"责任"的重要意义，什么工作都要坚守本心。

在中层干部成长的过程中，我教授方法，勤做顾问，经常光顾他们负责的领域，也经常关心他们的每一项工作，我觉得自己的关心、提醒不但不会让他们不自在，反倒让他们很感激。

国城小学的年轻人思维活跃，视野开阔，不拘陈规，敢于突破。因此，他们在熟悉了基本的工作后，很快就会不满足于现状，希望能开辟出新的发展之路。大家都说，年轻干部是管理队伍中的新鲜血液，他们有着无限的激情和梦想，有着大胆创新的愿望。这对于学校管理来说，是重要的发展力量。在日常工作中，我秉持"少反对多倾听"的原则，尽量让他们自己开展工作，充分尊重和保护年轻干部的工作积极性，经常鼓励他们大胆创新，锐意改革，让他们在自信中快乐成长。校长要做的就是引路人，当他们误入歧途时及时纠正，当他们迷失方向时及时指引。

慢慢来，花儿总会开，开在他们最合适的季节。在国城小学，不仅仅是幼苗在成长，花儿也在恣意绽放！

留下学校的成长足迹

胸中有丘壑，常与国城学子"高谈阔论"；腹内有乾坤，愿携国城学子闲庭信步。在我的眼中，学校的文字载体（校报、微信公众平台）于我和师生而言都是记录美好、探寻美好的窗口。

一周小记回忆温暖

2017 年的一天，漫步于校园一隅，观蕴德楼前法国梧桐叶簌簌而落，似携着秋意和孩子们的童心，我被几个孩子的童声吸引，悄悄走近他们……"说什么悄悄话呢？能不能和我分享一下？"他们被吓了一跳，扭捏着不肯将手中的物品拿出来。在我的再三鼓励下，孩子们从后背着的小手中亮出零星几张纸，稚嫩的字迹记录着这棵法国梧桐树从春天到秋天的变化，纸上甚至贴着树叶标本，我惊异于孩子们的用心和童心，这样的才华需要鼓励才可散发光彩呀！而且学校的美景和有趣的事那么多：四季交叠的花草树木，课上课下的老师孩子，午餐忙碌的食堂大姐，兢兢业业的学校保安……这些每天都在变的人和无时无刻不在发生的趣事很快就会忘记，用什么才能永久保存，那便是文字，于是"周记"应运而生。一周一记，十周十记，一年便有千姿百态的校园生活绽放在孩子们的心田，这是属于他们的爱的记录。周记是一周的总结，可是我们还缺一周的"伊始"，于是学校每个部门在每一周开始前将本周工作上报给行政办公室，由办公室宣传人员负责系统梳理，形成体系性的"每周工作计划单"——周报。从哪场会议的规划到哪项材料的检查，从哪个场地的使用到哪位老师的展示课，计划单上都有详细汇总，老师们在每周的第一天就可以了解

【风雅国城 从新起航】城阳区国城小学第一周周记（总第3925期）

城阳区国城小学　2022-09-04 19:57
发表于山东

初秋之际
我与国城再次相遇
走过慧爱风雅
唱响国城慧爱
看过春生夏长几遍
左手"国字石"，右手"润爱"石
前有朗润苑，后有清源泉
记忆阑珊处
我们再次见面
你还在这里等我
我心爱的国城
开学第一周
国城精彩生活，邀你共鉴

新学期，新气象！8月29日，国城小学迎来2022级新同学，开启国城崭新一页；30日，上学第二天，国城宝贝们在校园中寻找精彩；9月1日，国城小学举行"喜迎二十大，争做好队员"开学典礼暨升旗仪式，拉开新学

【欢迎新同学】初见～ 一位萌娃的自述

怀揣着一颗雀跃的心，迎着灿烂的阳光，8月29日上午，2022级全体小学生走进了城阳区国城小学，开启了人生新的一页。

学校的"每周一记"

本周工作，提前协调规划。这一周一报可是从根上解决了一些让我头痛的问题：再也没有哪个部门同一时间"争夺"报告厅的使用权，再也没有老师协调不开听课的时间，每周有始有终，让学校更加多彩。

一周到一年的承载

有了"周记"，"一年一记"也提上日程，我们的校报应时而生。校报初创时期，我发动每个班的班主任参与进来，他们是在这个校园中最了解孩子们的一群人，我支持他们利用课余时间带着孩子们游览校园，发现美好的景和事，用笔写成小诗，记录下美好。当然，那些不经意间传递出的爱，则需要老师们去定格：背起腿受伤的孩子的瞬间、学校获奖的刹那、孩子们求索的专注、一对一辅导的身影，甚至是微耕园中第一颗成熟的苹果、傍晚轻轻鸣叫的夜莺都被手机记录了下来，"大美国城"微信群成了我们学校除工作群外最热闹的地方。

充实的快乐不能代替充足的成长。当校报刊登著作的乐趣渐消时，我发现作为学校的正刊，光有这些童真童趣是不够的，还需要荣誉的支撑和大事记的串联。适逢学校的成长期，教师干劲十足，学校也取得了不少荣誉，于是我将校报分为四个板块，分别刊登荣誉、活动、作品和景致，让充实的内容将这份报纸变得"老少皆宜"。这也取得了巨大"成功"，每当寒暑假来临前校报下发的时刻，孩子们总在一起兴奋讨论："有没有我的作品？""这个照片是李老师拍的！""我上镜了。""学校好厉害，又得奖了！"童言童语中的自豪让我欣慰。再后来，我们又有了年鉴，这是一本记录学校发展的册子，翻开这本厚厚的札记，每一张图片每一段文字都记录着学校的成长，洋溢着温暖与感动。

纸媒到"高科技"的过渡

当然，纸媒是基础，"高科技"是主流。校报逐渐稳定，但也存在弊端：半年一刊太不具时效性了。于是，我们通过微信公众平台开设"阳光国城""党旗飘飘""慧爱雅行""安全国城""心育路上"等10余个栏目，将学校每日新闻及时发送，让每个师生、家长能在第一时间接触最新的消息。看着浏览量从几百、几千到几万，我明白记录下来的时光不会消逝，它们在孩子们心中，在老师们心中，更在家长心中。随着新媒体的发展，学校慢慢地经营起自己的视频号、抖音号、微博号，学着自己写脚本、录片子；各家媒体报道学校活动，国城小学在一次次宣传中进入了更多人的视野。

文字记录成长的瞬间，照片定格求索的梦想。在国城小学，每一分每一秒都是美好的，都有着成长的足迹与人生的意义，而我愿做一名记录者，记录他们的欢笑和泪水，定格他们的成功与释然，记录属于他们与学校的一切，为这群孩子的童年留下最美的色彩。

成长：因爱结缘教育

不负我心——远行千里的支教者

> 有一束光，微微茫茫，探亮着中华大地的艰难之地；
>
> 有一束光，闪闪烁烁，追寻着大山深处的贫苦生活；
>
> 有一束光，斑斑点点，照护着孩子们那渴望的眼神；
>
> 有一束光，温温和和，引导着助学与支教的崎岖路。
>
> ——我最优秀的同事

在国城，有一位"老姐妹"——臧巧英老师，她的支教故事一直感动着我。

2018 年 8 月 31 日，她和同事们飞抵甘肃成县，开始了为期一年的支教生活。当时，臧老师被分配到一所少数民族学校，教小学一、二年级英语，这对于从教 20 多年的她来说，没有太大压力。因为在国城小学，她所带的班级教学成绩一直名列前茅，她也曾多次获得城阳区优秀教师等荣誉称号，是学校和家长眼中的好老师，是孩子们心中的"好妈妈"。

2018 年，这位好妈妈告别国城小学，离开了朝夕相处的孩子们，不远万里，奔赴山海。在大山的那头，一双双渴望知识的眼睛眺望着她来时的方向，迎接"好妈妈"。从踏进甘肃成县的那一刻起，臧老师就此开启了不平凡的支教旅程。2700 千米之外的成县葆真小学，是一所信奉伊斯兰教的少数民族学校，这里的老师们热情，孩子们纯真。第一次见到这群孩子，他们瘦瘦小小的，黑黝黝的脸蛋满是被风雪摧残的口子，见到新老师，那双清澈的眼睛里满是好奇。臧老师笑，她们也跟着笑，嘴巴咧到了耳根，一口一声"老师好"，清脆得像百灵鸟的声音。"真好，就是这里了"，臧老师想。就是在这里，臧老师度过了这辈子都无法忘却的时光。

热情过后，臧老师不得不重视地域的差异，一个个困难接踵而至。学校很多教师和学生都是回族，信奉伊斯兰教，饮食方面的各种不习惯，使她好几天都没有吃饱饭；汉族和回族的习俗观念差别很大，一不小心引起的矛盾和误会也使她无比尴尬；冬天很冷，暖气和空调都是奢望，生炉子时满屋的煤烟味呛得她气管发炎；宿舍离学校太远，每天仅仅上班路上就要走15000多步，脚上磨起了水泡，一碰就疼；强烈的阳光直面射来，脸上也晒出了高原红……漫漫长夜，睡不着时是身处异地他乡对亲人的思念，频繁涌上心头的是一个人的孤独……然而，臧老师努力在最短的时间里调整自己，将委屈压在心底，将困难踩在脚下，全身心地投入支教工作中去。

在支教学校，臧老师干起了自己的老本行，承担起一、二年级的英语教学，同时担任班主任以及英语教研组组长等工作。孩子们的英语底子差，听不懂，讲不好，这可是个大问题，于是臧老师把在国城小学工作的教学经验应用在这里，引入了听读为主的"一起作业"，带领教师开展了阅读绘本教学、思维导图和自然拼读等。初次接触，许多教师感到特别新鲜，面对教师的懵懂和疑惑，臧老师利用课余时间一遍遍讲，利用课堂一遍遍磨，通过观摩课、示范课让教师看到了效果。半夜里，经常能看到臧老师的办公室灯火通明，那是她在为下乡送课和教材培训准备材料，她倾囊相授，毫无保留，正是这种无私奉献的精神，使全校英语教师熟练掌握了先进的教学方法。臧老师创造性地把英语课变成了"音乐课""游戏课"，鼓励孩子们把英语大声说出来、唱出来，孩子们体验到了学习英语的快乐。短短一年，孩子们在听、说方面有了很大进步，在教学检测中多次取得优异的成绩。

2021年，全国脱贫攻坚取得全面胜利。在脱贫攻坚路上有千千万万的人，臧老师有幸成为其中的一员，不为钱来，不为利往，一路走来，虽然有苦，还是甜多。在成县，学生们的生活环境是复杂的，学校教育仅仅是臧老师能够看到的一个"切面"。为了更好地了解教育现状，每天下课后，她会跟随各班班主任对班里学生逐家逐户进行摸排调查。"很多年轻父母外出打工，家里只有老人和孩子，在家庭教育方面是缺失的，这是最大的问题。"臧老师寻找那些被贫穷耽误了上学的娃娃们，鸡峰山大坪学区的10个村学、特教中心、福利院等都有她的身影。父母不懂教育，臧老师不能不管，她常常在下班之后，来到这些孩子的家里了解情况，有学习困难的想办法补课，有心理问题的多次谈心交流，有经济困难的臧老师从不吝啬……她就是这样，迎着晚霞，伴着月光，满当当地来，空荡荡地走，即使没钱吃饭，她也不舍得吃孩子一口干粮，几口馒头就着水，一天也就这么过去了。整整一年的时间，家长们拗不过这个较真的老师，陪伴学生的时间越来越多，学生的脸上笑容更亮了，衣服更干净了，学习也更努力了。

"教室里有个倒计时，每天数着我和成县孩子们分别的日子，虽然很残忍，但也让我和孩子们都格外珍惜在一起的日子。"当倒计时的时间变成了个位数，当分别就在眼前的时候，很多学生都哭了，拉着她的手不想让她离开，她的眼眶也忍不住湿润了。"很多人说我们支教老师辛苦，大老远去奉献爱心，但我觉得，我要感谢成县的孩子们，是他们让我重新体会到了当老师的幸福。"

支教结束后，我突然发现，"老姐妹"的微信头像不知什么时候变了。那是一张她在成县拍的照片，画面中，一袭红色连衣裙的她，牵着一个小女孩的手，漫步在山间的小路上，特别温馨美好。我问起，她很自然地说："这是我女儿，妞妞！"

妞妞并非臧巧英的亲生女儿，而是她在成县帮扶的一个孩子。臧巧英曾经教过妞妞的哥哥浩浩，但一场不幸改变了这个家庭，因为在出租屋内用炭火取暖，浩浩和父母因煤烟中毒去世，3岁的妞妞成了孤儿。"如果需要我，我会尽全力把这个孩子抚养长大。"在孩子的爷爷奶奶面前，臧巧英含着眼泪承诺。在成县时，臧巧英把自己半年的工资送给了老人，还联系

臧巧英和妞妞

相关部门为妞妞争取到了孤儿补助和扶贫补贴。她在青岛教过的两位学生的家长主动提出每年捐助6000元用于妞妞的生活和学习，直到大学毕业。回到青岛后，臧巧英坚持每周和孩子电话、视频，在幼小的妞妞心里，臧巧英是她最喜欢的"青岛妈妈"。

山海相依，守望相助，一年的支教经历，让她经历了太多，老公因为心脏病进了两次医院，她身为人妻不在身旁；母亲出车祸住院，她作为子女不能尽孝；婆婆小

脑萎缩摔倒不能自理，她作为儿媳不能照顾……在无数个夜晚，她也曾辗转反侧，爱美的臧老师多了些许白发，经常熬夜备课令她的眼睛也变得越来越花，不间断的阴雨潮湿让她患上了关节炎和很重的湿疹，直到现在也无法根治。自古"忠孝难两全"，牺牲"小我"，成全"大我"。说出来几秒钟，做起来却要一辈子。最难的时候，臧老师深夜坐在学校的操场上号啕大哭，眼泪早已决堤，家人们的理解是支撑她的最后一道防线，黎明降临，她擦干眼泪，毅然走向教室，心中只有坚强与责任。"如果有机会，我还想回到那个地方……"说这话时，她的眼里闪着亮光。

如今的臧老师已经回到家乡，回到岗位。回望来时路，在2018年一年的时间里，臧老师完成的一对一帮扶结对共28对，2019年10对，2020年14对，2021年18对……这不仅仅是一个孩子的成长，更是70个家庭的幸福。这样的爱心与责任，没有因为支教的结束而停止，而是在时间中沉淀出了更大的力量。越来越多的教师被臧老师感动，也想去拥抱这些大山里的孩子。对于每个教师来说，支教经历是一种磨炼、一分收获，更是一次爱的接力。

让师道光芒薪火相传

老师如春天中的细雨，滋润着花儿，灌溉着大地，这是我巡视校园的所感；老师如一盏明亮的灯，照亮学生前进的路，这是我巡视校园的所悟。在我熟悉的这一方校园里，始终活跃着一支砥砺品质、求真务实、爱岗敬业、乐于奉献、坚守初心、担当使命的奋斗者队伍。不信，你看……

夜幕徐徐，明月探头，天空泛出美丽的湛蓝色。我结束了一天的工作后例行巡视校园，伴着朦胧的夜色，清凉的夜风吹拂，我看到有一个办公室还亮着灯。手腕上的时针已经指向八点了，整个校园都特别安静。轻轻推开门，我看到了一个伏案工作的身影——韩露艳老师。她是学校的"老人"，也是学校的"名人"。在教育战线上工作了26个春秋的她是两个孩子的妈妈，如今又肩负起一年级教学工作的重任。"怎么还没下班？""我帮徒弟改个教案，小姑娘学得快，得好好培养培养啊！"她的话给予我极大的鼓励，在青蓝工程中，师徒结对或许在无形中给教师增添了很多负担，但是韩老师的举动让我看到师父身上的无私奉献。我常对大家说，能教一年级的老师一定是责任心与行动力高度匹配的人，勇于担当的她深知一年级教育任务的重要与艰难，于是她主动包揽组长工作，耐心向新教师传授教育教学经验。每次我经过一级部的办公室，总能听到刚上任的年轻小姑娘们围在韩老师身边叽叽喳喳地喊她"韩姐"，这一声声亲切的"韩姐"让我深感欣慰，我听出了爱与尊重，听出了教育的热忱在我们这个大家庭中薪火相传。韩老师的这份坚守也让她在教师节获得了"最美教师"的荣誉。

学校里还有很多"韩老师"在用自己的行动践行教师的神圣使命。我看到过他们在讲台上神采飞扬的样子，也见到过他们在书桌前圈点勾阅的艰辛，他们竭力保护学生眼里闪烁的光芒，寒来暑往，日复一日。这支庞大教师队伍里的每一个人，都是国城小学如星星般闪闪发光的"最美教师"。

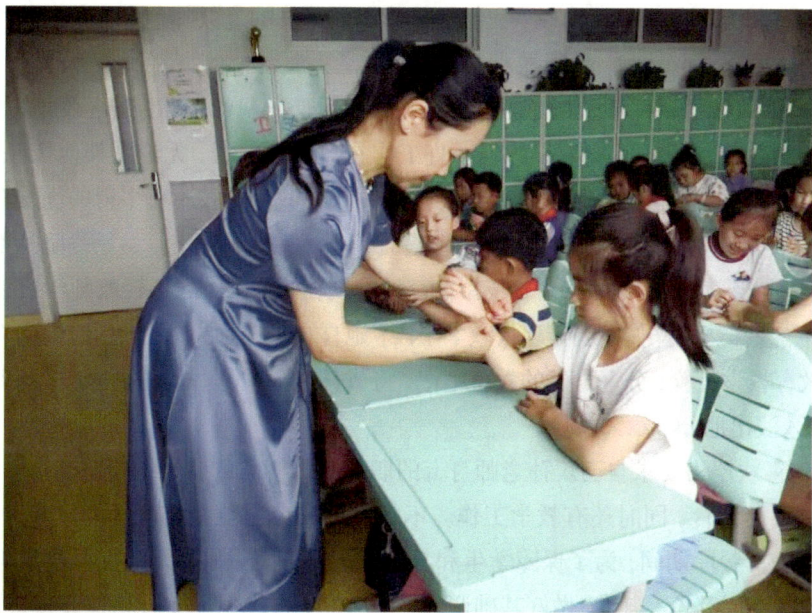

端午节时韩露艳老师为孩子系上五彩绳

仲夏的午后，金色的阳光透过挺拔葱郁的水杉枝叶，照进教室的玻璃窗，分外亮丽。整个校园，沉静但不沉寂，平淡但不平凡，点滴小事，凝成爱的风景；片片足迹，绽放爱的温暖。让我们感谢最美的他们，他们是我们学校宝贵的精神财富和发展源泉。

莫道桑榆晚　为霞尚满天

　　有人说，教师的生命像一个长长的句子，艰辛是定语，耐心是状语，爱心是补语。有人说，教师这个职业就像一杯咖啡，苦的是生活，咸的是工作，甜的是精神。身为校长，我可能是最了解教师动态、清楚教师工作的人。

　　择一二来写的话，我想写写我们学校第一位退休的老教师——孙鲁青老师。她是一位老党员、老教师，是国城小学的一名"老人"。孙老师献身教育，甘为人梯。"我的一生只做了一件事，热忱教书育人。"这句话是她说的，她也是这么做的，这印证了她的教育初心。以校为家的她一直工作在教学第一线，无论是其他授课老师，还是家长，又或者是学生，都对她认可度很高，她是我们学校不可多得的优秀教师。

　　她喜欢充实自己。"教学无小事，育人需精心。"授课过程中，她始终坚持不断地学习，坚持阅读有关教育学的书籍和教育教学刊物，向身边的年轻教师学习怎样制作课件、怎样熟练操作电脑等现代教学手段；她喜欢帮助别人，主动耐心地向新教师传授教育教学经验，分享自己的教育笔记，将成长过程中那些清晰的思路、深刻的启发，深入浅出地分享给大家。

　　她喜欢严格要求自己。孙老师身上的职责是多样化的。她做过图书馆管理员，负责过餐厅饮食，同时还有教学工作。不管身处哪个岗位，她都恪尽职守、任劳任怨。在负责餐厅期间，为了保障学生和教师的食品安全，她每天雷打不动地 5 点 40 去菜市场询问菜价、肉价，做好基础调研。6 点 20 左右到学校，开始检查食材，做农药残留检测，早晨、中午还要做晨午检测的记录，这些辛苦她从不言语，似乎认为是自己该做的、要做的。我曾和她沟通："这个年纪，这样做会累，尽量放手让年轻人做吧！"她却说："累啥，不累，现在睡眠少，就当锻炼自己了。"图书馆的工作，她也做得井井有条。她在教学过程中也耐心、专心，充当园丁，用爱心和汗水培育着心中的桃李芬芳。

　　她喜欢这所承载自身梦想的校园。她会随手整理走廊上杂乱的图书，会随手清除墙壁上的脏东西。她喜欢这群活泼可爱又调皮的学生，她是每个学生心中的"孙妈妈"。为了每一个学生的学习，她在教室门口放了一个小凳子，一有时间就坐在那里等待着学生咨询她各种问题。在一点一滴的耐心耕耘中，每个学生都取得了理想中的好成绩，看着学生的笑容，孙老师的嘴角也咧开了不少。孙老师退休时，学校为她举办了一场退休仪式，我又看到了孙老师含泪的笑容，这份笑容在我心中永远珍藏。

　　教师不仅是一种职业，也是一种情感，更是一种精神。多少个年年岁岁，多少个日日夜夜，我们国城小学无数的"孙老师"奋战在教育的第一线，为国城教育作出了不可磨灭的贡献。我们会继续保持并发扬这种满腔的热爱，默默践行为人师表的追求，坚守为人师表的教育信念，助力学生成长，助力教育事业发展。

孙鲁青老师和年轻教师们共度节日

草木润泽，向阳而生

2019 年 4 月的贵州温柔多姿，惠风和畅，在一所叫关索中心小学的校园中，学生正兴致盎然地聆听一节专题课：如何有效进行主题阅读。这节别开生面的课让学生收获满满。与平时不同，这是由国城小学的徐凯老师穿越半个中国送来的一堂课，而那时的徐凯，只是一个初出茅庐的青年教师。

徐凯老师的经历，仅仅是国城小学众多青年教师成长之路上的缩影。在帮助青年教师迅速提高、走上更大舞台这件事上，国城小学可谓做到了极致。

以下是徐老师的陈述。

2021 年夏天，刚刚进入教师队伍的我踏上了国城小学这片育人沃土，来不及紧张和兴奋，一系列培训接踵而至，从城阳区教育和体育局为期近一个月的岗前培训到学校多次举行的优秀教师经验分享交流会，都让我把如何上好语文课、如何做好班主任等宝贵的知识悄悄种在心间。

还记得郝玉芹校长在新教师交流会上的叮嘱，"风雅国城，慧爱童年"从来不只是一个口号，它需要过硬的本领。她知道我们缺乏教学经验，但也告诉我们教育从不是单枪匹马过独木桥。学校会不遗余力地帮助我们学习和提高，希望我们用努力换经验，以勤奋赢时间，尽快站稳讲台。

这一年，注定是令我刻骨铭心的一年。我所上的每一节课都手写出翔实的教案，所有的课都先听一节后上一节。"新教师亮相课""青年教师交流课""师徒结对展示课"等一系列"花式"公开课，曾让我在夜深人静时为自己设计不出好的教学环节而焦急流泪，让我在初次登台时紧张到手心出汗，更让我因为其他教师的优秀而深感不安。然而，不经一番寒彻骨，怎得梅花扑鼻香，经过大家的帮助和自己的努力，如今的我在众多优秀的国城教师中虽不算出众，却也可以从容面对每一堂课，对于学校的"花式赛课"竟也有些乐此不疲。

这一年，不能不提的，是我的恩师胡妮军老师。得益于学校"青蓝结对"工程，我有幸成为胡妮军老师的徒弟。胡老师是城阳区小学语文名师工作室主持人，是青

学校教师赴贵州关索中心小学开展送课交流活动

岛市教学能手，对于她，年轻教师们总是心怀敬畏，以她为榜样，而我却幸运地走到了她的身边。她会不厌其烦地陪我磨课，亲自去听课再给我最用心的指导；会手把手带我做课题，带我打开教研的大门；她会在学校每周进行的学科教研上对我们倾囊相授，让我们的困惑迎刃而解。她有一种让我豁然开朗的能力，也给了我太多温暖的关怀。

在师父的引导和鼓励下，我开始参与胡妮军名师工作室的一系列教研活动，与优秀教师切磋交流，如"单元整体教学设计""以评导写的写作模式"多种切实有效的教学方法都是师父一点一点地教出来的，当我将这些方法切实地运用到课堂中时，课堂真正地高效了起来。

这一年，学校"请进来，走出去"的模式也让我兴奋不已。城阳区乃至青岛市、山东省的教研员不止一次走进我们学校，为青年教师的课堂带来新的教学方法和专业的指导。青岛大学副教授庞晖作为学校副校长，带领我们走向"人人微课题"的道路；山东省特级教师、齐鲁名师韩立菊老师也加入了我们这个大家庭，尽心尽力地帮助青年教师成长。

很多次，身边的朋友们都会好奇，为什么进入国城小学后的我会如此忙碌，会不会后悔当初的选择，我总是坚定地摇摇头。多少个日日夜夜，我们虽忙碌付出，校园的高光时刻却也相伴而来。在专家的帮助下，和我一样的青年教师走上了更大的舞台，把国城课堂留在了贵州、郑州、深圳、重庆、哈尔滨、鄂尔多斯等全国多地。

教师正拔节蜕变，校园在茁壮成长。"全国新样态实验学校""百班千人实验校"等一系列荣誉的取得，同样是国城教师专业发展的见证，而这一切，都是我为之不懈奋斗的理由。学校有这样的荣誉，我与有荣焉。

这一年，专业技术上的成长让我惊喜，我对于学生的那份赤诚之心依然有增无减。学校的读书工程给了我在图书馆肆意阅读的机会，读《给语文教师的新建议》中的"呵护童年"；读《教育的目的》中的"关乎成长，预约未来"；读《什么是教育》中的"教育就是一棵树摇动另一棵树，一朵云推动一朵云，一个灵魂唤醒另一个灵魂"。每一次阅读都是一次心灵的洗礼。不仅如此，学校的蕴德课堂、红色大讲堂的相继开展也让"立德树人"的信念在我心中愈发坚定起来，只有我们把"立德树人"作为教育的根本任务，爱的种子才会播撒到每一个孩子身上。

再回首，一年的时间，我仿佛从一株嫩芽悄悄长为一棵向阳而生的小树苗，不仅可以抵御风雨，甚至可以呵护一方土地。而帮助我迅速成长的，正是这所蓬勃发展的国城小学，春风化雨，润物无声，我愿就这样，和它一起快意成长着……

幸遇恩师　关怀备至

昨天，学校举行了教师习作比赛，一位新教师的文章令我感触颇深。这是对我一直推行的"青蓝工程"的最好肯定。以下部分内容摘自新教师纪凯艳的日记。

"嗨。师傅！"一个拥抱、一本书、一声师傅、一句问候便让我和韩立菊老师在教师节结下了妙不可言的师徒缘分。时间过得很快，想起丹桂飘香时那悸动的心，转眼间我们已经共度了秋、冬两个季节，那些散落一地的光影，那些隐隐浮动在空气中的教导，被荏苒的时光裹挟到记忆深处，我感慨时光匆匆之余也收获了一路成长。

刚刚踏上教育岗位的自己，从坐在台下的学生到站在讲台上的老师的角色转变，让我有着面对新事物的惶恐与迷茫，但我很幸运齐鲁名师韩立菊老师竟然成了我的师父，她给了我教书育人的斗志和无以言表的关怀。

面对第一堂展示课，我陷入紧张无措、摸不着头脑等窘境，初来乍到的我所经历过的被听课的最大"阵仗"也不过是教师招聘时的 7 位评委了，面对同级部的 12 位老师，我的紧张也就不言而喻了。"凯艳，备好课了吗？来我班试讲"。我知道，师父需要忙碌的事情非常多，没想到还记挂着我的课，昏头昏脑的我有些手足无措，但我还是鼓起勇气走进了教室。作为一堂课的亲身经历者，我想没有人比我更清楚这堂课的效果如何了。不说教学流程是否连贯。我甚至把握不好学情，过高的问题设置让整堂课的气氛有些死气沉沉，最终一声"下课"都喊得没有了底气，冒着虚汗的我已经做好奔赴"断头台"的准备了。出乎意料的是，我非但没有收到一句批评，还收到了温暖振奋的鼓励："比我的第一节课好多了！"师父拿出自己的休息时间，温柔地讲解各个环节，认真帮我打磨课堂，她总会不厌其烦地向我说着她的想法，耐心地指导我把握教学要点，分析学情，毫无保留地与我分享她的名师思路和实践成果。就连临上课前也不忘鼓励我："每一次的打磨都会有进步，这堂课的效果肯定比之前还要好。"是师父给了我最扎实的自信，功夫不负有心人，我成功地上完展示课，感觉与上次完全不同。"新竹高于旧竹枝，全凭老干来扶持"，课后听到老师们的好评，我的师父功不可没！

相遇是一个多么动人的名词，与其说在这茫茫人海中遇到我的恩师，不如说在人潮拥挤里收获了我的益友。师父给我的绝不只是教学中的指导与帮助，还有渗透在点滴生活中的关怀。作为初来乍到的新人，自然是少不了手忙脚乱的时刻，但是师父总会用温柔的目光第一时间发现蜷缩在角落里那个手足无措的我。在我的心里，师父是值得尊敬的恩师，这是一种"同甘共苦一路行"的亲情。

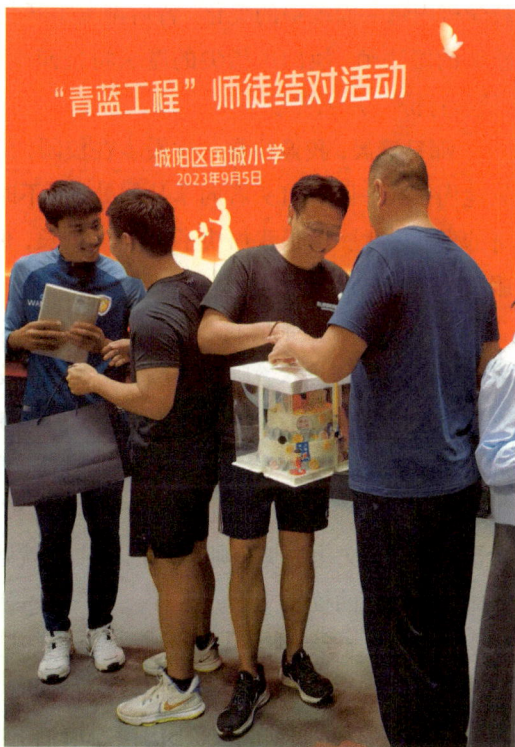

"青蓝工程"中，师徒互相赠送礼物

雁过无痕，叶落无声。掐指算来，春日的暖阳带着种种往事飘上我的心头，我虽在文章中写您，但写不出我心里的感激，稚嫩年少的日子，有幸遇见您。

一群美术人的坚守

　　国城校园一草一木皆教育，一砖一瓦充盈着生命的灵动。从乐陶园、汇海长廊、军事长廊、文字乐园、种子博物馆、华夏厅这些校园文化建设的标志性景观，到教学楼内每一面墙壁的美化，背后都离不开美术教师的智慧与付出。作为校园文化建设的魔法师，他们用指尖的魔法将校园变成艺术的"新花园"，在这里每天为她"梳妆打扮"，从未停歇……

　　那日清晨，我像往常一样漫步在校园，沉静的思绪被一群热闹的学生打破，只见他们挤成一团探着头看向草丛深处，还不时地讨论着、嬉戏着……难道有什么新奇的事儿发生？于是我加快了脚步。"校长，你看！草丛里小甲壳虫、小兔子换新衣服了……"

　　学生争先恐后地向我"汇报"他们的欢喜……

　　远远望去，美术教师背着颜料，做起了校园雕塑的"粉刷匠"，为小动物们换新衣呢，已经记不得这是第几次为小动物们穿新衣了，它们总是常换常新。换了新衣的小动物们，有的神气十足，有的憨态可掬，着实可爱。

　　有这么一群人，他们的身影遍布在学校各个角落，他们既是校园文化的创造者，又是校园文化的美容师。他们一直默默做着一件事，无时无刻不在用他们的智慧维护着我们的校园文化。

　　有一次，我发现洁白的墙面上突然出现了几个小泥点，令人很苦恼，我寻思着用什么合适的方法去解决，后来由于忙碌也就搁置了。一日下午工作累了，我在走廊上踱步，忽然被眼前的一幕吸引了，墙面上一群群蝴蝶翩翩起舞，这些蝴蝶大小不一、形态各异、五彩缤纷，像森林里舞动的落叶，原来是美术教师凭借丰富的想象力将泥点画成了蝴蝶，他们用一双手化腐朽为神奇，用发现美的眼睛美化着周围的一切，这应该就是艺术的魅力吧！

　　为了使学生获得更加生动直观的体验感，学校大大小小的展览馆都是开放式的，在好奇心的驱使下，学生对展览馆尤为喜爱，这无疑给负责维护的美术教师带来

美术教师装扮校园

了极大的挑战。为了使展览的一景一物都能以完美的姿态呈现，美术教师将校园按区域划分，每日分头检查维护。我常常看到他们随手扶起倾倒的花瓶，擦掉标本上的一个小小的手印，摆正墙上的倾斜画框……他们像呵护自己的孩子一样，呵护着校园文化。很多时候我们来不及看到，但美好的事情已经默默地上演了好多次。

各种活动的布置现场也能看到他们的身影，这些工作往往都是临时性的。接到任务后，美术教师紧锣密鼓地制订计划，确定展览形式，排列展桌展架，踩着凳子、推着架子、爬高钉钉子……

他们总会创造出许多小幸福，不经意间出现在身边，使得校园无比美好。在稀松平常的日子里，在日复一日的工作中，他们只是在做自己习以为常的事，他们以校为家，在点滴中汇聚爱的力量，用情怀坚守教育，用文化温润校园。

为爱奔赴艺术之路

初夏时节，百花齐放，枝繁叶茂，天空湛蓝如洗。

漫步在学生创意无限的艺术作品展览区，我心里有一股说不出的幸福感和满足感。

"音乐教师"是我踏入教育岗位的第一个身份，"艺术素养"也助力着我人生中每一个幸福时刻。在我眼里，艺术可以表达文化。

2016 年，带着在城阳区第二实验小学的宝贵管理经验，我接管了一所如白纸般的校园，这里可规划的事情有很多很多，艺术教育发展是我重点关注的方面之一。

2016 年夏，我和往常一样踏入校园，几个学生已经早早到校，两三个聚在一起欣赏着宣传栏上装饰的音符图画，我路过时一句对话溜进耳朵："这是什么？""好像是 j 倒过来了"……

我停下脚步，看着那个音符，反思良久。音符在音乐人的眼里是常见的符号，可是对于没有接触过艺术的孩子来说却显得格外陌生，学校不仅要培养知识分子，更要培养学生审美和表达美的能力。幸运的是，我们拥有许多优秀的艺术资源和各有特色的艺术教师，现在行动还不晚。

为了让每一个学生都参与到艺术教育中来，我们从音乐落脚，针对一、二年级的学生，开设了特色形体课。在愉快的学习氛围中，我们的教师从专业的角度，通过规范、科学的方法纠正学生的站姿和坐姿，解决他们的形态问题，有效塑造了学生良好的体态，也逐步涵养了学生高雅的气质，不断提升学生的审美意识和水平。

每次看到学生上形体课时专注、兴奋的目光，标准的训练动作，日渐挺拔的身姿以及由内而外散发的优雅气质，我都感到无比的欣慰。

除此之外，学校每周的趣雅课程中也开设了许多舞蹈门类的课程，如芭蕾、街舞、民间舞，这些都充满了趣味性。只要孩子有兴趣，我们就开设。

为了更好地满足学生的学习需求，在师资的选择上，除了学校的专业老师外，我们还借助校外专业培训老师、高校资源、家长资源、社会资源不断地优化课堂。学习平台的搭建，使许多参与这些课程的学生收获满满，他们跳得开心，学得尽兴。

在此基础上，我们选拔在舞蹈方面表现出色的学生组成学校精雅课程的舞蹈团，进一步发展她们的兴趣特长，挖掘她们的潜力，让这些有特色的学生们得到更长足的发展。对于这部分学生来说，无疑是为他们的学业生涯规划打好了基础。

舞蹈团凝聚了艺术教师赵斯洁的全部心血，2019 年"区长杯"艺术比赛来临之际，已经怀孕 2 个月的赵老师提前结束保胎时间，毅然回校利用午休和下午放学后的时间进行舞蹈排练，她强忍着孕吐的不适，严格要求着每一位小演员的动作和表情，课后一遍遍打磨舞蹈作品，挺着孕肚为学生示范舞蹈动作。正是对舞蹈的热爱和高度的责任心，我们的作品才能获得城阳区"区长杯"中小学生艺术比赛舞蹈专场二等奖的好成绩。可是，赵老师不甘于此，她不断打磨舞蹈团，终于在 2021 年获得山东省"小飞天"奖儿童舞蹈大赛一等奖的荣誉。

赵斯洁老师和孩子们一起排练舞蹈

从最初的舞蹈作品《小蜡笔》到现在的《最亲的我们》，在创编和排练作品的过程中，教师的专业能力不断得到了提升，学生在得到各方面锻炼的同时，也收获了一段难忘的回忆。

一分耕耘一分收获，他们凭着自己的努力与汗水，一步一步走上了越来越大的舞台，多次斩获佳绩。器乐、合唱、古筝、朗诵等艺术社团闪闪发光。在 2019 年"六一"期间，学生走进央视，参加中国音乐频道"六一"特别节目录制；在上合峰会期间，学校的吟诵作为特别节目参与教育板块的录制，在中央电视台国际频道播出；学校戏剧《金色的鱼钩》荣获山东省中小学艺术节戏剧展演一等奖；校戏剧团《丰碑》《闪闪的红星》在城阳区"区长杯"中小学生艺术比赛戏剧与朗诵专场荣获一等奖；校合唱团参加城阳区原创作品展演，器乐团获城阳区"区长杯"中小学生艺术比赛器乐与行进管乐专场一等奖；舞蹈团更是登上央视的舞台，原创剧目《最亲的我们》《大海，我们来了》荣获山东省"小飞天"奖儿童舞蹈大赛金奖，并在"小荷风采"全国少儿舞蹈展演中获"小荷新秀"荣誉称号。

学校原创舞蹈《最亲的我们》荣获山东省"小飞天"奖儿童舞蹈大赛一等奖

这一项项荣誉的获得，进一步展现了国城学子的风采，也反映了学校在艺术教育方面的显著成效。学校通过定期举办"艺术节""歌唱朗诵节""国城好声音""亲子音乐会"等多种多类的活动，为每一个孩子提供广阔的艺术舞台。在接下来的艺术工作中，我们也将继续前行，继续为孩子们搭建平台，把美的教育真正展现出来！

温情：相遇认定你我

爱在教师节，情在国城园

> 讲台或许没有鲜花
> 台下或许没有掌声
> 粉笔写于黑板的刹那
> 便是盛开

"小时候我以为你很神气，说上一句话也惊天动地。长大后我就成了你，才知道那块黑板，写下的是真理，擦去的是功利；小时候我以为你很神秘，让所有的难题成了乐趣。长大后我就成了你，才知道那个讲台举起的是别人，奉献的是自己。"每年到了 9 月 10 日教师节，这首《长大后我就成了你》便会在耳畔响起，勾起我与教师们欢喜的记忆……

纸短情长　感谢相遇

"这杯奶茶还是热乎乎的，快尝尝吧！""快瞧，我的节日贺卡是校长亲手写的呢！"晨曦徐徐拉开帷幕，我早早来到学校门口，将亲手书写的教师节贺卡和精心准备的小礼物送给教师们。"节日快乐！"欢乐的祝福，灿烂的笑脸，一次次握手，一个个拥抱，大家的笑声传遍校园。

每年教师节，我和学校中层都会亲手为每一位教师书写专属贺卡，将最美好的祝福送给这群最真诚的人。奶茶、鲜花和小蛋糕让仪式感拉满，教师们脸上的笑容也都甜甜的。我们深知作为教师，即使是没有鲜花的舞台，或者是没有掌声的独白，选择这份职业，我们就应该为自己点赞！

千言万语　凝聚感恩

走进教室，孩子们的热情溢满整个空间："老师，祝您节日快乐！"本班的孩子刚喊完，邻班的祝福声已经在走廊中回荡，此起彼伏，好不热闹。孩子们围在老师身边，一边抱着，一边笑着。

祝福需要大声地说出来，更可以含蓄地写下来。每年教师节，教室的走廊边总会摆满一张张小黑板。孩子们用稚嫩的小手，书写着稚嫩却真诚的语言。写罢，再将小黑板上的祝福用便利贴拼成爱心，拼成星星，拼成心中最美的模样。

你我相知　欢庆节日

充满着青春活力的教师们每人手握一束鲜花，好一道迷人的景色。大屏幕正播放着教师们日常工作的一帧帧画面，大家聚精会神地看着，时而"扑哧"一笑，时而害羞捂面，大概是寻到了自己偶然露出的窘态，一边观看，一边感叹，在校园里，看似是平凡的一天，却也是不平凡的一天。

"最美教师""教学能手""优秀班主任""强国之星""教学质量优胜集体"……每一项表彰既是对教师的肯定，也激励着全体教师不忘初心、奋勇争先。同时，为给予教师职业礼遇，学校为从教 10 年、20 年、30 年的教师颁发证书，通过有仪式感的活动引领教师坚定"为党育人、为国育才"的初心和使命。

教师节暖心活动掠影

我愿守望　吾之初心

"我志愿成为一名人民教师，忠诚党的教育事业，遵守教育法律法规，履行教书育人职责，引领学生健康成长，做到有理想信念、有道德情操、有扎实学识、有仁爱之心，为教育发展、国家繁荣和民族振兴努力奋斗！"

百年大计，教育为本。教师是立教之本、兴教之源。每年教师节，必不可少的环节便是全体教师宣誓，庄严的誓词，坚毅的目光，赤诚的声音响彻心扉。我相信，在全体教师的努力下，国城小学定当愈发蓬勃，"今朝花开胜往昔，料得明日花更红"。我也坚信，国城教师必将严于律己，不忘立德树人初心，不断提升教书育人本领，为培养德智体美劳全面发展的社会主义建设者和接班人而不懈奋斗！

大海，是涓涓细流一点一滴汇成的；教育，是爱的共鸣，是心与心的呼应。我想，教师这个光辉的职业，定将永远散发爱的光芒。

一方爱语寄心知

三月东风剪柳枝，丝丝细雨涨清池。三尺讲台洒汗水，巾帼奉献显担当。

我很清晰地记得，这年的 3 月 8 日，伴着细雨，带着祝福，国城小学的男神们手捧鲜花，一早便在校门口等候来校的女神们。一句句温馨的节日祝福，一束束精美的鲜花，一张张洋溢着幸福的笑脸，女神们收获了一份份惊喜和感动，定格了一幅幅温暖的画面。

这天下午，学校工会组织教师在放学时间学习插花放松身心。一束鲜花、一把剪刀、一根绸带，在花艺师的引导下，女神们品花香、修枝叶……脸上的笑容犹如一朵朵美丽的鲜花绽放开来，感觉是那么温馨、浪漫、幸福……"春来谁作韶华主，总领群芳是牡丹。"国城的教师用自己的才智和劳动，创造着人生和事业的奇迹和辉煌，展示着国城小学良好的精神风貌。教师是学校最重要的教育资源，8 年间，国城小学的教师队伍从 20 人发展到 200 余人。我们对教师的人文关怀不仅包括给予其自身专业能力成长的机会，更涵盖对他们家庭生活的关心与照顾。

还记得当时是 9 月的一天中午，年轻教师桐桐给我打电话，她焦急地告诉我，她的父亲不会动了，120不出车，学校能不能帮他把父亲送到医院进行检查。说实话，当时我的第一感觉是家人生病怎么不找自己的亲人呢？情况紧急，也顾不上多问，几位男教师便出发了。后来，我才了解到来自淄博的桐桐老师和父母在青岛租房住，母亲身体一直不好，父亲是因为腰椎肿瘤压迫神经导致突然瘫痪，所有的亲人都不在青岛，作为独生女的桐桐真是自己无力带父亲检查，不得已才求助学校。作为教育者，我们的爱更多地放在孩子身上，却容易疏忽我们的家人。知道桐桐的情况后，学校工会立刻行动，桐桐父亲的检查成为该时期学校的一项工作，学校餐厅也一直为这个家庭留好一份午餐。桐桐老师在照顾好家人的同时勇挑重担，没有落下一节课。爱的气息弥漫在国城小学的校园，现在，不管是照顾丈夫在维和部队执行任务的怀孕军嫂，还是关怀刚做完手术就回归讲台的同事，教师之爱始终不变，家的氛围越来越浓厚。

"三八"妇女节，学校为每一位女教师准备了鲜花

在国城小学，随处可见的"小灶"让团队充满凝聚力，国城小学已成为他们口中骄傲的代名词。端午节的一个粽子，教师节的一张贺卡，中秋节的一个月饼，秋天的第一杯奶茶，冬至的一碗水饺，生日的一块蛋糕，元旦的一句祝福，新年的一个福字，闲暇的一场比赛，生病时的一次慰问……教师饱满的热情感染着我。

忙忙碌碌穿梭于职工之间，每一名工会干部都是爱的搬运工。这些忙忙碌碌的"娘家人"不只是为了教师的福利奔波，还把教职工的急事、难事一直系在心中。以爱之名，从"心"出发，用爱做底色，做有温度的教育。

人间最美三月天，春花烂漫绽新颜。在这个春天，祈愿我们的今日，写满故事；

我们的明日,到处是春光!工作时很忙,但我们可以想办法让教师活泼可爱;教育路辛苦,但是我们的坚持真的很酷。在过去的一年里,工会一直尽力做好一座桥梁,帮助教师成长,助推学校发展。"最美巾帼志愿团队""职工信赖的职工之家"多项荣誉花落国城小学,我想,如果教育有温度,那一定是37℃刚刚好!愿我们用最真挚的情怀在国城小学的热土上绽放,不负芳华!

第四章

一起见证的幸福

在国城小学,家长见证的是智慧与爱的交织,家庭与学校的融合。国城的一草一木、一砖一瓦都凝结着家与校共同的心血。国城小学的办学之路,经历了"抵制""认可""同心"三个阶段,伴随着"润爱驿站""慧爱爸妈成长营""校长会客厅"等多种家校共育"窗口"的诞生。这些"窗口"是家长见证学校成长的眼睛,也是学校给予家长回应的最佳渠道。

家校携手共育爱

苏联教育学家苏霍姆林斯基曾言："没有爱，就没有教育。"他把学校和家庭比作两个"教育者"，认为这两者不仅要一致行动，向儿童提出同样的要求，而且要志同道合，抱着一致的信念。

家校合作的影响是巨大的、广泛的、深远的。正确认识这一观点，使学校在发展过程中明确了方向。城阳区国城小学一直秉持着"敞开门办学"的理念，办学 8 年来，从一开始的"摸着石头过河"到如今家校"1231 模式"的成熟，在长期努力下，学校逐渐开创出一条具有国城特色的家校发展之路，并于 2019 年 8 月正式确定为全国家长学校建设实验学校，家校之花正在缓缓开放。

学校成立之初，我们遇到了很多阻力，更多的家长喜欢把孩子送到一所有着丰富教育经验的"老"学校，对新学校的抵触和抗拒使我们在家校合作的初次探索中陷入困境。就是在这种矛盾中，在家长的质疑声中，我们迎难而上，开始了新的成长历程。面对各种问题，我们成立了学校、级部、班级三级家委会，建立并完善《家长委员会制度》《家长培训制度》《家长驻校轮值工作流程》《优秀家长评选办法》等制度体系，使家委会工作尽快走上正轨，让家长融入学校，真正成为推动学校教育的同盟者。

学校成立了以校长为首的"家校工作领导小组"，成立以名班主任工作室为首的"家访协调中心"，开展"千名教师访万家"活动。教师深入每个家庭与每一位家长面对面交谈，情真意切地相互了解，与家长敞开胸怀，让家长尽情地表达对教育和学校的关注点和建议，令家长们明确，学校和家庭的目标是一致的，愿望是相同的，都是为了孩子更好地成长。功夫不负有心人，在教师的共同努力下，我们已安全地度过学校的"成长期"。现在不管是教师还是家长，他们由衷地热爱这个大家庭，自豪地将学校称之为"大国城"。

父母的爱是无穷的，从对学校的排斥到如今的肯定，这股爱的力量已经成为学校工作的坚强后盾，辐射带动学校的整体发展。学校为家长们设置了家长驻校办公室，每周一、三、五家长驻校办公。在家委会的号召下，家长们自发成立国城"润爱驿站"组织机构，每一位"润爱驿站"的家长履行着他们的职责，自愿为学生服务，遇到预警天气或学校组织的大型活动等，他们会在路口拐弯处自发安排多名家长执勤；餐厅里他们手把手地教孩子们分饭，维持秩序。他们是学校工作的支持者、参与者，更是教育者，他们用行动影响着身边的每一个人。

家长是教育的千军万马

周四中午，炽烈的阳光使孩子们的心躁动着，午餐后叽叽喳喳的笑声充满校园，我知道一周一度的"课程狂欢日"又来临了！在风雅课程中，以"选课走班"形式满足每一名学生兴趣发展需求的普及性社团活动，我们称之为趣雅课程，我们为这近百门课程提供了不一样的师资力量。作为校外客座教授，家长们根据自己的特长踊跃报名，架子鼓、围棋、羽毛球、轮滑等课程的授课教师均由家长担任，20余名家长的参与，架起了家校沟通的桥梁，家长已经成为学校发展不可或缺的重要力量。

一年级刚开学时，每一名新生家长都会填写志愿表，4500多名学生，近1万名家长，各行各业，应有尽有。而这对于学校和学生来说，不就是最好的教育资源吗？根据报名情况，其中一部分家长成为学校趣雅课程固定的客座讲授，到校授课。孩子看到自己的爸爸妈妈到学校当老师，别提多骄傲了，同学们看到新面孔，也觉得有

趣雅课程中家长作为客座教授为孩子授课

新鲜感，学得更专心，往往一节课下来意犹未尽。但是，更多的家长因为时间问题，没办法每周体验这样的快乐，这一部分的教育资源应该怎样去挖掘和利用呢？不能每周都来，一学期来一次可不可以？于是，家长大讲堂应运而生。《致家长的一封信》的下发吸引了一大批家长的加入。每个班的报名人数远超整个学期的课程安排，授课任务甚至排到了下一学期。

一个孩子能成为怎样的人才取决于三个因素：学校教育、家庭教育、学生自身特质。家长大讲堂，让孩子在家庭以外对自己的父母有了更深入的了解。父母对自我的严格要求，在专业领域的勤奋执着，对孩子成长上的帮助等，这些所给予学生的财富往往更加珍贵。

这样的家校合作，通过密切的互动交流，将家庭、学校紧密融合，拓宽了学生视野，让学生感受世界的丰富多彩，也激励孩子们为美好的未来不懈努力！

致家长的一封信

亲爱的家长朋友们，欢迎您加入慧爱国城，爱和信任让我们成为国城家人。在小学阶段，孩子们将从"直觉思维期"进入到"具体运用期"，很多事情已经不需要完全靠自己的观察和经验来获知，而是可以从说明、解释、举例中获取新知。这种认识和思维上的转变，意味着他的世界正在逐渐放大，知识结构也在逐步通过不同的触角而形成。

我们希望孩子们可以在此阶段，多感受不同学科领域的知识和多元的文化，通过家校的共同努力，实现国城培育"中国灵魂，国际视野"的慧爱少年的教育目标。

因此，我们真诚地邀请您来到班级为孩子们上一堂生动的家长课程，也可以由您邀请孩子们走出课堂去现场体验学习，希望能够充分发挥家长朋友们的资源和优势，为孩子们推开更加丰富多彩的世界大门。

请您联系班主任报名，写清楚家长的名字和课程。讲课的具体日期由家委会与班主任协商后决定。

润爱驿站 一站到底

经历了一夜的雨，空气里氤氲着清爽的草木气息，夹杂着桂花的香气，秋季已经进入最美好的时候。可疾驰在上班路上的我却无心欣赏美丽的景色。刚刚，又接到了家长的投诉信，有不认同孩子任课教师教育理念的，有对学校午餐搭配不满意的，只不过此时我却无暇顾及。小雨淋湿了衣裳，我加快了步伐，校园门口的那条小土路又要泥泞不堪了，孩子们的新鞋子得沾染多少泥水啊。一进校门，我连忙组织教师在路上铺上纸壳，垫起砖头，疏导家长。一时间，雨水声、鸣笛声、孩子们的尖叫声响成一片，大家拥挤在学校门口的小路上。我正想过去，忽然雨中冲出了一个陌生的身影，他举着伞抱起孩子，一步又一步，将孩子放在门口的水泥地上，再看他的裤脚早已沾满泥水，可是孩子的鞋子一点都没有打湿。正当我们以为这是孩子的家长，认为这一切都是正常不过的事情的时候，他又走回去，抱起了第二个孩子，

驻校家长为孩子撑起遮风挡雨的伞

直至第三个、第四个……他用雨伞为学生撑起了一片"晴空"。越来越多的"他"涌现出来，家长、老师纷纷效仿起来，他们的怀里并不是自己的孩子，他们的雨衣遮挡着他人的宝贝，可是这又有什么关系呢？雨水打湿了"他"的脸庞，分不清是雨还是汗，雨水打在我的脸上，我却知道，那是泪水的味道。一切变得井然有序，后来我们知道了他的名字——张友起。

这是一位普通的家长，也是我们的第一届家委会主任。在他的笔下，我们有了第一份校园交通疏解图；在他的号召下，家长们自发成立了国城"润爱驿站"组织机构。"爱"是一切工作的核心，驿站的诞生，更是承载着学校和家长对学生的爱，我们期望在家校的合力下，孩子更加健康快乐地成长，这种爱润物无声却无处不在。"润爱"由此得来。

每一位"润爱驿站"的家长履行着他们的职责，自愿为学生服务。自建校以来，学校每年有6000余人次走进学校参与活动，有近2000人次担任护导、阳光志愿者进行服务。家长开始认可学校，越来越多的家长参与到家校活动中。于是，我们又设置了家长驻校办公室，家长自愿走进课堂听课、察看餐厅、参与学校管理、体验学校生活。每天上学、放学的护导和中午的分餐时间，都可以看到家长们忙碌辛勤的身影。

到现在，"润爱驿站"已经8周岁了，它也成了国城小学一张闪亮的名片。在这里，见证家校携手的记录本换了一本又一本，但是"家校同行，师生同心，和谐共育"这一初心却历久弥坚。教育的出路，发力点在家庭，冲刺点在学校。家长和学校是孩子教育的合伙人，这是一场爱与信任的邂逅！

校长会客厅开业啦！

我接到一位一年级家长的电话，是为了孩子学习的问题，整个过程中，我聆听到的是家长止不住的埋怨，大体上是说，由于自己和孩子的父亲工作繁忙，孩子从小便跟爷爷奶奶一起住，到四岁才回来上幼儿园，后来不知道从什么时候开始，孩子不会与人正常交流，经常和别的同学产生争执，有时候还打人。一轮交谈下来，作为一位母亲，我能体会到这位妈妈的无助。孩子产生这种问题的原因很大一部分归结于老人的溺爱和父母安全感的缺失，通过和家长的交谈我又有了意外的收获，我发现她为学校教学、管理上提出了一些宝贵的意见，我感觉羞愧不已，又十分庆幸有这位敢吐露真言的朋友。

"金无足赤、人无完人。"学校的发展也是如此，班级内一点点小事引发的矛盾，午餐的一道菜不合口味等，这些我们眼中的"小麻烦"却是家长心中的"大问题"，一旦经过发酵，事情就变得并不简单。我有了私心，我想让所有家长成为我的眼睛，而面对面交流是最有效的方式，于是"校长会客厅"应运而生。

不久，"爱雅小舍"正式开门迎客，这是"校长会客厅"最温馨的小屋。这个交心的场所有热茶，有书籍，还有孩子亲手绘制的画作。每一个走进这间屋子的人都是轻松且温暖的。上午9点多的时候，"爱雅小舍"迎来了第一个客人，她是五年级的一位家长。这位家长略带拘束地跟我说到，平时跟班主任的关系特别好，班级的大小事务都参加，付出了很多的时间和精力。但是最近有一件事情让她有点介怀，班干部评选中自己的儿子落选了。想想自己为这个班级付出这么多，但是孩子连锻炼的机会也没有，难免积极性受到打击，觉得自己好像白白付出了。从她的描述中，我了解到班主任是通过民主选举的方式选出的班干部。从客观来说，这位班主任确实是从公平公正的角度出发，但是从家长的心理上来说，有点失落是正常的。

我首先向她表示了感谢，感谢她对学校工作的支持，随后从家长的角度向她表示理解。作为家长，我们都希望孩子成龙成凤，和同学相处融洽，在班级中有好的表现。但是这件事情的发生，也给我们敲响了警钟。为什么孩子学习成绩优秀，但

郝玉芹与家长在会客厅中交流

是在民主评议中却落选了？福祸相依，分析问题找到原因，反而更加有利于孩子的进步。这场聊天持续了一个多小时，这位家长也由刚进来时的眉头紧锁到脸上露出笑意。

　　每周一的上午，无论有多忙，我要做的第一件事就是走进爱雅小舍，拥抱等候的家长。有的家长是一个人来咨询孩子在校的学习生活情况，有的则是夫妻二人来交流家庭教育的方式，令我欣慰和高兴的是，家长们都非常信任我，愿意敞开心扉和我沟通。两年来，在这个地方我接待了上百位家长，也在这个地方和很多宝贝有了共同的"秘密"。后来由于疫情防控的原因，停工停学断断续续，返校复学更是牵动着千家万户的心。为了给家长们提供更丰富的复学前后家庭教育指导，我决定将"校长会客厅"搬到线上。这场直播，在线参与人数累计5000多名，"校长会客厅"有了不一样的形式。

　　可是问题又来了，我发现家长的一些难题也是我困惑的地方，这可怎么办？那就学习吧，学会了理论，不正有现成的实践机会吗？于是我利用空余时间自学家庭教育指导的知识，竟然还考出了证书，所谓是"无心插柳柳成荫"呀！再和家长交流的时候，我的心里也有了底气。如今，上述的故事中的那个宝贝在家长和老师的呵护下进步非常大，他渐渐可以控制自己的情绪了，学习成绩也非常棒！他的父母也成了"校长会客厅"的常客，总喜欢与我分享孩子的点滴进步。后来，这位家长还主动请缨成了我们亲子运动会上的彩旗手，越来越多的家长用更多的时间陪伴孩子成长，如亲子音乐会的同台演出，体育游戏节的协力闯关……陪伴是解决一切亲子关系的良药，我们的家长朋友已经深谙这一道理。

在"校长会客厅"中，我不止一次听过家长对我的夸赞，同为人母，感觉我在处理亲子关系上更得心应手一些，我知道这源于我不断地学习和实践，只是我们的家长缺少这样的机会而已。于是，我萌生了这样的想法：为什么不带着家长一起学呢？我的能力是有限的，如果有亲子专家的指导，我们的困惑会不会更少一点？于是我们创建"慧爱爸妈成长营"，这是家长们专门进行学习的乐园。专家、教师，甚至是经验丰富的家长都可以站上授课的舞台，因为站在同样的立场，近距离的接触更能使家长感同身受，全方位、多角度地看待孩子的不同成长经历，为自我蓄能。看着家长们积极地举手参与，课后热情地分享所得，我感到十分欣慰。班主任反映因为名额有限，每次开课之前班级群内瞬间一抢而空，家长们跑着占座更是令人哭笑不得。"慧爱爸妈成长营"开课以来座无虚席，大家收获满满。

沟通是拉近彼此关系的一剂良药。

定格——微雨浸温情

　　当顶楼时钟滴滴答答地敲过 7 下，秋阳路在川流不息的车辆中热闹起来。伴随着悠扬的音乐，学生迈着求知的步伐，走向国城校园。我热爱这个校园，一天百遍欣赏不厌。

　　放学铃声刚刚响起，原本晴空万里的天突然乌云密布，倾盆大雨也随之而来。天气预报没说有雨，学生一定也没带雨伞，门口是焦急等待的家长，几千名孩子可不能淋雨，这可怎么办……

　　看着雨越下越大，没有一丝要停的痕迹，我突然想到办公室角落的那把备用雨伞，其他教师应该也有备用雨伞吧！于是，我立即发动所有教师带伞下楼，在教学楼与放学区之间用雨伞搭建了"临时通道"。

　　学生放学了，他们看到亲爱的老师为他们撑起雨伞，个个欣喜若狂，和每一个老师说感谢，老师殷切嘱托"慢一点，别踩水；别淋湿了，要感冒的；看不到家长，马上回到老师身边……"重复的话语一遍又一遍，在冰雨中却温情满满。

　　放学区送着一批批的孩子，放学区内的家长也因担心着急而没了往日的秩序。我又匆忙冲到放学区维持秩序："大家往里看，我们的老师已经为孩子们搭建雨伞通道，大家不要着急……"我在门口送着每一个学生，渐渐地，不知道哪里来的一个声音："我们学着郝校长和老师们，在门口护送孩子。"瞬间一呼百应，温暖的雨伞从校园里搭建到校园外。学生陆陆续续送走了，我悬着的心慢慢平静，一个稚嫩的声音从我身边传来："校长妈妈，您的衣服都湿透了，不冷吗？我这有一块毛巾，您擦擦吧。"

　　我刚发现不知什么时候躲在我伞下避雨的小豆丁朝我眨着大眼睛，那么澄澈，那么干净。这个时候，我才发现雨水早就打湿了我的衣服，我慢慢蹲下来，她轻轻地用毛巾为我擦湿漉漉的头发。我哽咽地望着她稚嫩的小手说："谢谢你，孩子！"她笑得如花般灿烂。

　　回到家，手机里的文字和图片更让我感动，我看到了家长们拍摄的一张张老师

在大雨中教师为学生撑起守护的大伞

打伞抱着学生过水洼的照片，一张张花伞在雨中绽放，学生一个个笑脸在雨伞下定格……

　　家与校的牵手，在国城校门外绘成了暖人心田的同心圆。这是飘雨的国城，这是最美的国城。"别怕，老师为你撑起一道彩虹！"从慧爱博远的文化到俯身呵护每一朵小花，责任与爱在其中交织。

第五章

我和你们的独家记忆

　　钟楼顶端，彩云朝飞暮卷；湛蓝操场，雨燕秋别春归。国城小学的每一位教师都曾见证一段段缤纷的成长故事，都曾收藏每一个学生的独家记忆。这些故事和记忆是真情串成的，是陪伴滋养的，是国城人最珍贵的爱与责任。

爱与责任，让平凡的我们闪闪发光

　　前有白盔素甲逆行而上，后有挑灯夜战之人殚智竭力；前有精兵强将冲锋陷阵，后有笔耕不辍之人诲人不倦；前有大爱之士解囊行善，后有坚守岗位之人安心定志。常思奋不顾身，而殉国家之急，他们就是班主任。他们常常燃烧自己照亮他人，而如何照亮他人是一门需要潜精研思的学问。

　　国城小学有一批年轻的教师团队，更有一批年轻的班主任队伍。在日积月累的工作中，他们渐渐羽翼丰满并能独当一面，我很欣慰。

　　下面两封信让我感受到青年教师的成长，更让我感受了我们国城小学的温度。

新手班主任写给新生的信

致我的 44 名宝贝

　　亲爱的孩子，老师从来甘做一介布衣，愿为一粒尘土，可在你眼中，老师犹如神圣的存在，你可知老师内心笑开了花。

　　那么孩子，你是否知道，在老师眼里，你是一个降落凡间的天使，老师希望你能正直善良，仁慈勇敢，永怀感恩的心，做一个好人。

　　刘瑜曾经对自己的孩子小布谷说：愿你慢慢长大，如果没有，愿你在不幸中学会慈悲；愿你被很多人爱，如果没有，愿你在寂寞中学会宽容；愿你一生一世每天都可以睡到自然醒。那么孩子们，请你带上成长的这封信。向前进吧！

　　8 月 28 日，是你步入小学生涯的第一天，老师想告诉你："学生"这个称呼即将伴随你往后近 20 年的人生，你可能会厌烦，常常为自己的身份苦恼，但是请你相信，在你可以放肆生活的背后，有人在替你承担属于你的不易。

　　你知道吗？老师很怀念上学的那段时光，可以肆无忌惮，不必慌慌张张。如果时光能倒流，老师甘心还是一名学生，可以没心没肺，可以放肆大笑。

　　很多道理是慢慢明白的，很多技能是渐渐学会的，很多知识是慢慢掌握的，老师不要求你是一个品学兼优的好学生，但请记住做人永远是第一位的，教师节是属于老师的节日，但是没有作为学生的你也成就不了作为老师的我。

一年级的你，懵懵懂懂走进校园，不知老师与你心目所期许的老师的样子是否有所出入，不要怪老师总爱多管闲事对你呵斥，不要怪老师总爱絮絮叨叨碎碎念，老师可以是慈母亦可以是严师，希望你遇见眼中有光、手中有戒的老师，老师希望自己能够做这样的老师。

学海无涯，思海无岸，孩子，愿你被这世界温柔以待。

2017.09.10
朱老师

写给毕业学生的一封信

亲爱的同学，这是一场"预谋已久"的书信，见字如面。

才发现，人生不止四季，还有一个毕业季。与你们相处的时光不长不短，两年时间里与你们一起学习，一起玩耍，一同努力，共同进步。今天你们正式毕业了，两年陪伴，无尽相守，怀念那些相爱相"杀"的岁月，目之所及，皆是回忆。

朱老师和她的孩子们

小学6年时光，你们从当初的稚嫩长到成熟懂事，朱老师也同你们一起成长，我不是一个完美的老师，也曾大声呵斥过也曾掩面哭泣过，但对你们的爱从未减少。我努力让大家成为更好的自己，期待你们成为自己想要的样子，但"革命尚未成功，同志仍需努力"，期待你们几年甚至几十年后再次回到母校，让老师看到你们成长的模样。

好像就发生在昨天，我们一起拍下了第一张合影，我们一起去电影院观看《我和我的祖国》，我们一起参加运动会，我们一起准备艺术节，我们一起去学农基地播种，我们一起大扫除……多少个角落都有我们的足迹。

好像就发生在昨天，你们为获得的集体荣誉欢呼雀跃，你们为偶尔的考试失利埋头哭泣，你们上课时积极举手的神情，你们在操场上嬉笑玩闹的身影……回首走过的日子，我们一起分担痛苦，一起预约幸福，求知在一起，成功在一起，失败在一起，成长在一起，幸福在一起……

你们用6年时间织梦成锦，每个人都是自己神话里的主角，青春就该浓墨重彩，跌跌撞撞却阳光灿烂。求学生涯的每一阶段希望你们用心去感受老师的用心，去体会父母的力量，去体验同学的温情。今天你们就要毕业了，多么想留住那些温暖的日子，但又多么渴望你们能搏击长空，遨游苍穹。路很长，你们必须继续往前走……

未来一直来，小学只是你们人生路上最初的一关，生活是没有结束的赛场。花有重开日，人无再少年。你可以在"小确丧"中消磨人生，但你向往的星辰大海，必须翻过一座座坡，迈过一道道坎，才有机会到达。愿你们都做一个有思想的人，有创新精神的人，敢于颠覆认知的人。

还有一点，希望你们认识到学习是一辈子的事情，未来有多精彩，就看你对世界有多少付出，所谓种瓜得瓜，种豆得豆。我们与梦想，只差一个出发、成长，就是在通往最好的自己的这条路上，保持前行的姿势，跟跟跄跄受伤，跌跌撞撞坚强。

丰子恺曾说"你若爱生活，哪里都可爱，你若恨生活，哪里都可恨，你若感恩，处处可感恩，你若成长，事事可成长。不是世界选择了你，是你选择了世界。"故事不会停留在这里，希望你们继续兴致盎然地与世界交手，一直走在开满鲜花的路上。

2021.07.02

朱老师

两封信笺饱含深情，国城大家庭见证学生的成长，同时也见证教师的成长。为人师者，辛勤耕耘育桃李，于教育有大爱焉，于学子有仁爱焉。师者宛若玉宇星辰，照亮学子漫漫求学路；抑或似甘霖，滋润学子久旱之心田。有态度，有温度，爱与责任让平凡的我们闪闪发光！

在国城：此间烟火　最抚人心

食安国城，守护"舌尖上的安全"。

"民以食为天，食以安为先。"作为一所有着4500余名师生的学校的校长，食品安全一直是我放在心里的头等大事。学校食堂的饭菜质量事关学生的生命安全与身心健康，如何让学生吃饱、吃好，让"放心"二字不只是停留在纸上，而是变成看得见摸得着的事实，这是我一直在思考的问题。

咖喱饭的故事

星期一的早上，我照例早早来到学校，看到餐厅负责人姜老师和工作人员正在整理当天午饭的食材。看我走过去，姜老师拿着一个土豆迎上来，笑着说道："今天中午吃咖喱鸡肉饭，又有大家忙的喽！"是呀，在"我最喜爱的菜"的投票中，这道菜可是稳稳地高居榜首。每次吃这个菜的时候，食堂都得多开一个窗口，供学生加菜，有的学生一个人甚至可以吃三四份！已经可以想象到今天中午的火爆场面了。"中午吃饭的时候让班主任多提醒一下，注意加饭时的秩序，别让孩子们挤着碰着了。"临走的时候，我特地跟姜老师多嘱咐了一下。

哪知下午刚下第一节课，姜老师就一脸愁容地走进我的办公室："校长，咱们食堂刚接到一个家长投诉电话，说是今天中午的菜量太少，不够孩子们吃。"我被姜老师突如其来的话搞得有些云里雾里。菜量不够这是不可能的事情呀！姜老师拿起手机给我看了一张照片，偌大的餐盘只有一份米饭和一份咖喱，而且餐盘旁边盛饭时不小心滴下的汤汁也还没来得及收拾。不怪家长，这看起来确实有些"寒碜"了。要真是这么点饭，学生肯定吃不饱呀！但是我平时跟学生都是一起吃饭，心里很清楚今天的午餐绝对不是这样的。

"当时饭菜刚开始盛，只放了咖喱，其他的菜都还没来得及盛，就被帮厨的家长拍了照片，发到了班级群里。这位家长可能也是好心，希望通过照片让没来的家长也感受一下学生中午的就餐情况，只是太心急了，所以造成了一些误会。"姜老师一边给我看他今天中午拍的午餐照片，一边在旁边跟我解释。

"但是这也反映出咱们食堂管理存在的一些问题。不过,你倒是给了我一些想法。我们应该让所有的家长都能了解学生的就餐情况。不如以后专门安排人拍一下每天的午餐吧,让班主任发到班级群里,家长们放心,咱们也能及时收集家长的意见。"于是,国城美食群就这么建立起来了!每天中午是美食城最热闹的时候。"真想去大国城办张饭卡。""看到咱们学校的饭,单位的饭都不香了。""我家孩子最喜欢吃国城的大包子了,总说我做的没有那个味。""冬天的菜凉得快,给孩子们加个饭盒盖应该会好很多。"……

班主任们把当天家长的反馈都发到群里,家长们有了表达建议的渠道,学校食堂也有了改进的方向。

每天翻看美食群中家长对饭菜的反馈,已经成为我工作中的常态。食品安全是最需要细心的工作。"把小事做细,把细事做透"是我常对食堂工作人员说的话。"咖喱饭的故事"也成为挂在我嘴边,时常跟管理团队和班主任们聊起的事情。学生的健康成长牵动着每一位家长和老师的心,守护学生"舌尖上的安全"更是学校义不容辞的责任。

午餐有约,校长陪我吃饭啦!

作为一名有着20多年教龄的"老教师",时常有人问我当初为什么会选择从事教育行业?"因为喜欢孩子!"是的,这就是我选择成为一名老师最直接的原因。我喜欢跟学生待在一起,不论是听他们跟我悄悄地说自己的小秘密,还是看着他们在操场上不知疲惫地奔跑,这一切都让我发自内心地感到幸福。

一年级宝贝大口享受美食

成为校长以后，我每天要处理的工作千头万绪，这也使得我跟孩子们的相处时间变少了。所以，每天中午的就餐时间我绝不会错过。走进食堂，走到学生中间，和他们一起吃吃饭、聊聊天，这让我感到轻松愉悦。

"我最喜欢学校周五的大包子，我一个人能吃四个！"要不是陪这个班的孩子吃过饭，我怎么也不敢相信眼前这个瘦瘦小小的姑娘能吃4个大包子。"我最喜欢咖喱饭。""红烧肉最好吃。""狮子头可香了。"……这群小家伙争先恐后地跟我分享着他们的最爱，美食真是获得幸福感最简单的方式。

"那你们对食堂的饭菜有没有更好的建议呀？"看到学生都不拘着了，我趁热打铁地问道。"我挺喜欢吃鱼香肉丝的，但是学校做的有点辣。""还有吃饭的时间能不能再延长一点？"后边的小男孩没等前一个说完就和我交谈起来。饭是做给孩子们吃的，我认真思考着这群小家伙的意见，心想可能确实要做出一些改变。

"校长陪餐"是任务，但在我的眼里是一种享受，其实真正的目的不在于"陪"，而是要在陪餐中消除学生和家长的担忧。在餐厅里，大家都是"同桌"，听听学生们对饭菜品种、口味的评价，我们的方向更明确了。走进餐厅，就是给学校"号脉诊断"的一条捷径。

自从咖喱饭的风波后，学校便成立了由家委会和学校食堂管理人员组成的膳食委员会，在膳食委员会每周的例会上，大家除了商讨下一周的食谱，更重要的工作就是解决这一周陪餐领导和班主任提出的问题。

教育领域的任何差池，都可能直接伤害到我们的学生。守护学生舌尖上的安全，责任大于天。除了膳食委员会，学校每周进行餐厅安全检查，对学生定期进行食品安全教育，积极开展"我是合格小帮厨"等活动，这些都得到了家长和社会的认可和支持。国城小学也先后获得全国中小学先进后勤学校、山东省"清洁厨房"、"食安山东"示范食堂、山东省中小学星级食堂、青岛市中小学标准化食堂、城阳"十佳食堂"、城阳区"健康食堂"等多项荣誉称号。

"食安国城"已经成为国城小学另一张闪亮的名片！

银杏木与国城：为和不为

国城小学的校园里，种植最多的树木便是银杏和玉兰——银杏是国城小学的校树。

纳兰性德有言："况有短墙银杏雨，更兼高阁玉兰风。"词人与风雅为伴，与畅思为友。银杏和玉兰在中国文化里都象征着高洁品质。

如此高洁的品质，自然深得国城人的喜爱。每到一年春好处，白玉兰花开满树，校园芳香四溢，美好不期而至。相对于玉兰树的秀美，校园的银杏更显生机活力。银杏又名白果，既有吉祥之寓意，又象征坚韧之精神。在校园中，它们枝叶茂密，飒飒其叶。

秋日的银杏树

国城校园里共有 8 棵年轻的银杏树，和学生一样生机勃勃，自在成长，挺立在慧爱广场，成为校园一道美丽的风景。

平日里，我巡查校园，会特别留意这些可爱的小树，为它们的自然生长状态感到欣喜。

2019 年夏天，大风把其中的一棵吹歪了。学校的门卫大叔建议，在树旁固定三个木桩，另外还要拉铁丝，通过外力把吹歪的树扶正。我听从了大叔的建议，慢慢地，银杏树愈长愈直挺。2020 年春天，这棵树长了好多新枝叶，一侧的枝叶越长越茂盛，另一侧的长势却没那么喜人，枝叶稀疏许多。总务处向我提议，把茂盛一边的枝叶砍掉试试。我犹豫了，不想破坏树的自然生长，但看着倾斜的树枝越来越不对称，也采纳了他的建议。修剪的头一个月，银杏树看起来"谢顶了"，确实不美。一个月后，枝形越来越平衡，也越来越好看。修正后的树仿佛有了更加旺盛的生长力量。树木的生长，有时要顺其自然，有时要修枝剪叶。孩子们的成长不是跟树木的生长一样吗？

无为：道法自然　学法自然

老子有言：人法地，地法天，天法道，道法自然。人本主义心理学家罗杰斯也曾说：每个人都有向善、向美、自我完善、自我成长的需要。

二年级的学生大壮，对学习提不起劲儿，但口才了得，号召力强。个性十足的他，天天带着班里的一群男同学谈天谈地，从小卖部买来糖果、文具在班内进行"倒卖"，竟还有同学心甘情愿花巨资来买，直到生意做到了高年级的学生那里，才惊动了老师。

老师与他谈话，让他写检讨、请家长……这不仅不奏效，还适得其反，学生的脾气越来越大，不知让多少老师谈"壮"色变。我提醒班主任转变方式，与其"围堵"，不如顺势利导。后来，班主任把他安排到了少先队辩论队。来到这里，他如鱼得水，沉醉于"语言"艺术，一有空余时间，就往社团里钻。学校各大辩论赛场上，他都 C 位出道，好评不断，他也成为班里孩子追捧的偶像。慢慢地，大壮由内而外发生着巨大的改变。"偶像"的美好人生，让他开始"装"着认真听课，"装"着当其他粉丝的小师父……

如今，他已经上五年级了。也许他早已忘记二年级之前他是怎样一种状态，而这种"装"已经成为一种常态、一种习惯。"装着装着就像了，装着装着就是了"，这种自觉地"装"的背后，其实就是自我成长的力量被唤醒的过程。

有为：正面引导　适时介入

"蓬生麻中，不扶自直。"国城小学有优良的育人土壤，在这里熏陶濡染，成长必然多了正确的方向，但也并非所有孩子都能在成长的关键时刻找准目标，这时候，教育就该发挥其纠偏作用。

有一个孩子不论上什么课，都要偷着看书，甚至痴迷到废寝忘食的地步，虽然语文成绩拔尖，但其他科目大受影响，经常在及格线徘徊。班主任在平时观察中发现，这位学生异常倔强、叛逆，稍有不慎，激起消极情绪不说，还极有可能打消他的阅读热情。这时候，施以正面引导就显得尤为重要。我告诉班主任，不妨试一试这三步：与其谈心交流是第一步，为其搭建展示的平台是第二步，助其约束自我是第三步。在交流中，学生叛逆的性格让这场谈话不欢而散，于是班主任特意为他组织了班级读书会，鼓励他学会交流与分享，当学生有了改过的苗头，再适当运用约束的手段纠正，半年时间里，为这个学生私人定制的"三步走"成效显著，孩子的阅读热情不减，各科成绩提升很快。"清风扶细流，甘霖润禾秧"，教师在学生成长阶段的"扶一扶""导一导"，就是当为之事。

在青少年阶段，学生不善于自我审视，往往难以做到笃其行、善其身，如香樟木，只管扎根生长，而忽略了平衡的要义。教育仅仅赋予学生知识、技能是不够的，还需要培养他们正确的"三观"，围绕育人之核心价值"养心"，方能助其更好地成长、成人。

教育有为也有不为，在慧爱的沃土上如何"双为并进"，我们一直在探行！

每一个孩子都想绽放

学校主楼"慧爱楼"门口有棵美丽的金桂树，每天清晨，我站在树下迎接学生。

2017年5月，校园内的一切皆步入正轨，园内一派欣欣向荣的景象：银杏树叶绿得发亮，紫叶李、石榴、玉兰树的花争相绽放……唯独这株金桂树，缺乏生机，无精打采，我暗自为它着急。

直至秋日，那个周一，我突然感觉到空气中有丝丝清香的甜味，抬头一看，喜上心头：只过了一个周末，金桂树仿佛点了黄翡，米粒般大小的花朵藏在叶下，在阳光的照耀下闪闪发光。我不禁感慨：植物的生命如此神奇！大自然的植物需要土壤、雨水、阳光，它们的生命终会绽放，宛如这棵金桂树，在我们不经意间便吐绿发芽、伸枝展叶。

岂止金桂树，地球上的每个生命都是奇迹！一粒貌不惊人的种子，往往隐藏着一个花季的灿烂；一条丑陋的毛毛虫，可能蜕变成一只五彩斑斓的彩蝶，生命在旦夕之间就能铸造奇迹。从事教育工作24年，我也有类似的感触：教育很复杂，也很简单，因为教育面对的是一个个活泼的生命，我们只有循着生命成长的痕迹才可能创造教育的奇迹。

学校里的每个学生又何尝不是一朵花，各有各的花期，各有各的芬芳，各有各的生长方式，也各有各的精彩。每一个生命都有创造自己生活的力量和自由，都有开启人生梦想的舞台和机遇。

学生毛毛，在一年级时是一个烦躁不安、难以管控情绪的小孩。孩子的妈妈大吐苦水："我每天不得不去修补被他撕烂的书，带着他去与他发生冲突的同学家里道歉。在课堂上，他躁动不安；在课堂外，他古怪精灵。有段时间，我一看到老师打来的电话就紧张。因为儿子，我成了'到校率'最高的家长。"

就是这么一位常人眼中的"捣蛋王"，在国城小学的几年时间里发生了奇迹般的蜕变。毛毛的妈妈说："每次走到学校门口，都会想起一、二年级时，孩子的班主任毛老师在校门口送别前蹲下来和孩子讲道理的情景，没有呵斥，没有责怪，更多的是提醒，那份包容和体谅、细致和耐心，连我这个做母亲的都自愧不如。"

国城小学的老师，总有一双善于发现美的眼睛，总能看到学生身上的优点，对学生的观察细致入微。毛老师和我说："别看他好像漫不经心的样子，但只要讲到他不懂的，他马上就会瞪大眼睛听课。越难的题目，他越来劲。"学生写了一篇好文章，老师会欣喜万分地和我分享；学生有一点小进步，老师比家长还兴奋。

是呀，正如苏霍姆林斯基说："每个孩子都是一个完全特殊、独一无二的世界。"桃花娇嫩、梨花洁白、水仙清灵……正是风格各异的鲜花，装点了春天的万种风情！

快乐奔跑改成尽情跳跃

遇见他，是我的幸运

那一抹眼泪，那一份温情，让我深深感受到爱的力量。遇见这样的学生，是我的幸运；遇见这样的教师，亦是我的幸运……

那是新生入学见面会的第一天，也是新教师曲老师担任班主任工作的第一年。我便遇见了他们的故事。

他在一年级孩子里格外显眼：长得高高的、壮壮的，大眼睛一眨一眨格外可爱。新生入学见面会的第一天，他哭了。我和曲老师以为只是一年级孩子的正常表现，从幼儿园迈入小学，用眼泪来表达情绪是很正常的。"没关系，我可以帮助你。"我看着曲老师耐心的样子。

习惯养成的第一周，他又哭了。于是老师把更多的时间和精力放在他的身上，信心满满等待着他的进步和转变。

然而，现实却意外地给了老师一记重拳。他的行为确实开始转变，但却是朝着相反的方向。课堂中的每一个问题，都必须由他来回答。如果被提问者不是他，整堂课便会从他的号啕大哭声中开始，在他的号啕大哭声中结束。如果老师不予回应，他会推开桌子离开座位，走出教室用力踹门。

我了解到情况后，开始更加关注这个学生和教师的情况。心理也默默为曲老师担忧。

他第一次"动手"，是在一个平常得不能再平常的放学时间。因为同桌得了9朵小红花，而他只有8朵。他一边大喊着"凭什么！凭什么！"一边号啕大哭，哭着哭着竟暴怒起来。他将教室前后门全部锁上，搬起座椅用力朝地面摔下，继而一边狂拍课桌，一边冲向老师——老师被打了，被一年级的他用力地一拳打在胳膊上。那一刹那，他青筋暴起、双目瞪圆的样子着实让我惊讶不已。忽然我看着曲老师走上前去紧紧抱住他，反复在耳边轻声安抚："老师知道你是个好孩子，老师知道你是个好孩子……"慢慢地，他冷静了，缓和了，不再试图从老师怀里挣脱，反而紧紧抱住了那个瘦小的身体。看到这，我泪目了，我感动于这个20多岁瘦弱女教师浑身散发的爱的光芒，那一刻，她如母亲般呵护着一个幼小的生命，自己承受着委屈，心里却一直装着孩子。那一刻，我明白了作为一名教育者，无论年长和年幼，他们都怀抱着最美的初衷。

后来的一段日子里，情况还是没有转。变几乎每一天或每堂课，他都会以不同的形式来发泄自己的不满，也许只是因为老师提问的第一个问题没有请他回答，也许只是因为老师没有给他奖励小红花，也许只是因为同学的一声反驳。如果他的需求没有得到及时的满足，大哭和暴怒便会接踵而来。

很多时候，课堂教学根本无法正常进行，看着其他孩子求知的眼神，没有太多班级管理经验的老师只能告诉其他学生：你们都是宽容善良的孩子，多让着他一点吧。可我深知，课堂上教给学生的是"一人不成众，独木不成林"，生活在集体中又怎么可能少得了摩擦呢？

幸运的是，家长非常支持和配合我们的工作。通过与家长的沟通，我了解到他在上幼儿园之前都是跟着爷爷奶奶生活，长辈的宠爱让他以为只要自己想要的，就是自己的；只要大哭，就能获得满足；只要生气，就要攻击。后来，他又多了一位小弟弟。作为哥哥，需要让着弟弟，或许是他的"中心地位"受到了"威胁"，种种不安和紧张感积攒在心里，无处宣泄。在忐忑不安中来到小学，一切都是新的，他急切地需要在新环境里获得所有人的认可。

曲老师和"大壮"的约定

平日的耐心观察与沟通让我和曲老师逐渐接近他的内心，家长的时刻配合让我对他的转变更加坚定了信心。曲老师非常努力，通过网络查询和了解此类孩子的情况，静心研读儿童心理学和班主任管理的相关书籍，努力在众多建议中探索适合他的方法。在这一学习过程中，我明显感受到了曲老师和孩子的成长和改变。

后来，当大壮情绪管理即将失控的时候，当他未经允许拿走别人物品的时候，当他趁课间操时间在教室桌椅上小便的时候，当他举起水杯朝老师扔来的时候……曲老师不再手足无措。而是用他能接受的方式，让他感受到：老师懂你的感受，老师愿意倾听你的"委屈"，老师愿意帮助你，老师是爱你的。渐渐地，这种情绪的发泄越来越少了……大壮似乎改变了。

同时，我也主动引导他去帮助班级里的其他同学。因为他高高的，便可以帮助同学拿高处的物品；因为他壮壮的，便可以帮助同学搬动桌椅；因为他很细腻，便可以帮助同学拉衣服拉链；因为他很聪明，便可以当小老师给同学们讲题……渐渐地，他在学校里交了很多朋友。

那天早上，他高兴地对我说："校长妈妈，今天我过生日！"我默默记在心里。放学前，我送给他一条红领巾作为生日礼物。我告诉他，一年级的同学都还不是少先队员，所以都还没有红领巾，而你现在是第一个拥有红领巾的孩子了，所以你要做所有同学的小榜样，好吗？他开心地跳了起来，跟我拉钩约定。

后来的日子，他一直在进步。虽然有时还会有些小任性，但已经能够融入班级，懂得一定的规则。有一次，他做了一张贺卡，上面写着：爸爸妈妈我 ài 你，老师我 ài 你，校长妈妈我 ài 你。

看着稚嫩的字体，泪水又不知不觉在眼眶打转，我深深感受到爱的作用是相互的，我们与他之间的关系亦是如此。他的改变促使我们一路成长。带着对教育事业的这份憧憬，带着对学生无限的期待，带着对新教师的付出，我感恩这份美好的遇见。

用爱唤醒爱

最近，我路过一年级教室，总能听到孩子们这样的声音：

"戚老师，明明又跑出去了……"

"戚老师，明明上节课就不在，他不见了……"

"戚老师，我看到明明在操场上和小朋友玩，就是不回教室……"

通过向戚老师了解，我才知道明明是他们班的"小淘气"，让她头疼不已。不够年龄就来上学的他显得比其他孩子更淘气一些，个头小小的，经常上着课趁老师不注意，写黑板字的功夫，弓着腰沿后门悄悄溜到教室外面。刚开学的时候，他还经常脱掉鞋子翘着小脚丫盘在椅子上，几乎不能端正地坐在教室里，有时候也会尿裤子。

第一次，他借由上厕所直接在厕所里玩水，裤子湿了一大片，后又跑出去玩，心急的老师和我只得到处在学校找。第二次，他和其他班的孩子一起去摘石榴，我们又在学校各个角落找寻他的身影。还有一次，课上到一半，趁老师写板书的时候，他又溜走了，我和戚老师冲到教学楼外搜寻着他的身影。环视四周，我希望自己一转身就能看到他撅着屁股趴在花坛旁边摘小花。"这孩子，又去哪里了，现在天冷了，风又大，他万一藏到一个小角落里，不小心睡着了，我们再找不到他……"天啊，我不敢想。最后，我在操场旁边的草地上发现了他，只见他自言自语地拔着小草，一见到我还咧嘴笑嘻嘻，急着把自己手里的果子塞到我手里，小嘴还嘟嚷着："给你吃。"

仿佛固定了套路的电视连续剧，找明明的这一幕在班里几乎天天发生。

我看出了戚老师的心力交瘁和无奈，我找到戚老师，给了她鼓励和建议，我们达成共识，共同帮助这个孩子成长。

我及时和孩子的母亲进行了深入沟通，了解了孩子父母的情况以及孩子的成长环境，这使得我们和明明之间隔着的那层雾气慢慢消散。明明的爸爸妈妈都是生意人，工作太忙又对他疏于管教，有时累了一天回家后看到不懂事的孩子会大发雷霆，这种错误的育儿观，错过了孩子习惯养成的关键时期。所以在上课的时候，孩子往往不能在听到铃声后很有规矩地赶到教室，也没有意识到在教室里不能脱掉鞋子。

戚老师和孩子们

　　在孩子成长的关键时期，孩子的爸爸妈妈没能陪在他的身边看着他一点点地长大，其实是孩子成长路上的一大缺失。再加上，因为前几次得知孩子逃课的事，他们内心愤怒也不知道怎么去教育孩子，便回家打了孩子，这让孩子和家长、老师之间距离的鸿沟又拉大了。

　　再次见到明明的那天，我一把拉住了他的手，像妈妈一样挽起他的衣袖，一边为他修剪着指甲一边慈爱地和他交流着。用我对他的疼爱来抚平他心底深处的伤痕。

　　他是"散养"长大的孩子，已经习惯了没有规则的生活，他渴望自由又希望得到大人的陪伴，这样的孩子比那些从小在严厉的家教下长大的孩子更可怜。所以，我们都意识到，要用更多的爱去抚慰他、呵护他。

　　每一份爱都会有感应，我坐在他旁边与他一起上课，牵着他的手和其他孩子做朋友，连续几个周的陪餐，我的身边都是这个可爱的孩子。在这样的爱护下，明明慢慢发生了变化，甚至主动学会了进门要喊报告，老师和同学的行为教会了他很多东西，但最重要的是他的内心慢慢阳光起来。有一天，他敲开我办公室的门，特意带了他最喜欢吃的火腿肠分享给我和戚老师，我们还交换了礼物。

　　明明在一天天地变化着，现在的他，只要我蹲下，他就会扑到我怀里。我能感觉到，他小小的眼睛里比以前包含了更多的温暖，他的笑容里充满着对学校的憧憬以及对老师、朋友的喜欢和信任！我们一直在探寻改变一个孩子的秘诀，其实很简单，爱他就好了。当然，把这份爱坚持下去很难，但教育者就是要不畏艰难，这是一名教师的基本标准。

慢下来，和孩子一起成长

回首是春，俯首是秋。岁月的轮子没有停歇，校园是美的、神圣的、深邃的，在这片育人的沃土上，学生享受惬意的时光，肆意挥洒成长的汗水，绽放童真的笑颜。

11点55份，下课铃声响起，中午的校园热闹非凡，学生在老师的组织下前往食堂。食堂的饭菜香悄无声息地在空气中流窜起来。

整个就餐过程秩序井然，从教室门口排队，到入座就餐，真至餐具回收，每一个环节都安静有序。

我时常走近学生、走进食堂，第一时间了解饭菜的口味以及孩子对饭菜的喜好，陪伴学生一起吃饭也是陪伴学生一起成长，在无形中拉近了我与学生之间的距离，同时也守护了孩子舌尖的安全。

疫情防控期间，部分班级在班级内就餐，每天抬饭、分饭任务交给了学生，可学生却从不含糊，安静的就餐环境和快速有序的分餐方式让我感慨学生的聪明与能干！

12点30分开始，是饭后的惬意时光，记得和阳光、草坪来场约会！童年，是个最美好的词汇，它充满着天真、纯净和欢乐，而"游戏"是学生童年的名片。时代的车轮不停地向前翻转，把一些传统游戏遗留在了岁月中。

为更好地落实"双减"政策，让学生放松身心、缓解疲劳，学校每天开展午间阳光活动，将传统游戏作为学生们的主流项目，丢沙包、跳房子、滚铁环、老鹰捉小鸡……有记忆、有情感、有创造性的传统游戏渲染着国城学子的童年！学生走出教室，让身体动起来，去沐浴阳光、拥抱自然。

传统游戏重返校园，受到了学生和家长的青睐，不但丰富了学生的业余生活，锻炼了他们的体魄，还培养了他们的协作能力和团队意识。与电子游戏相比，传统游戏更加"绿色"，更加健康，对学生的心智成长作用更大。午间阳光灿烂，一起晒晒太阳、聊聊天、玩玩游戏，感觉很舒服，很多学生还自创了新游戏，活动内容丰富多样。在活动中释放一上午的学习压力，学生的身心得到放松，更有利于下午的

体育游戏节中学生快乐玩耍

学习。

13 点 10 分，午休铃声响起，校园里立刻变得静悄悄，玩耍回来的学生趴在桌上安然入睡，不一会儿，轻轻的鼾声在教室里此起彼伏地响起。

对学生来说，午睡不仅能补充精力和体力，还有助于学生生长发育。通过午睡，学生以更加充沛的精力投入下午的学习和活动中。在老师的悉心呵护下，学生睡得非常香甜，幸福之情溢于言表。细心的老师用镜头记录下学生在校午休的情况，并及时分享给时刻关心学生的家长，真正做到了让学生暖心、让家长放心。看到各种可爱的睡姿，我的脸上也洋溢出幸福的微笑。

"如果你问我，怎样成为好的钢琴家，那么你先告诉我，练了多少音阶。" 13 点 50 分，美妙的音乐唤醒了午睡中的学生。每天午睡起来，学生跟随广播学唱音阶，"do-do，re-re，mi-mi……"在潜移默化中通过唱音阶培养学生的乐感，陶冶学生的情操。

校园，一个有梦和成长的地方。和学生一起慢下来，尽情享受午间的美好，让学生扬帆逐梦，快乐启航，真正体会到在学校的快乐！

第六章

多彩的成长

国城生活是红色的，爱国教育让红色骨血熔铸学生心中；国城生活是绿色的，劳动教育让绿色生机扎根学生心中；国城生活是青色的，与书相伴让青色博文如影随形；国城生活是金色的，志愿服务让金色心灵熠熠生辉；国城生活是紫色的，传统与现代的邂逅诞生"国际紫"，我们要为世界留下身心健康的学生。

传承红色基因　赓续精神血脉

"女排赢了！""胜利啦！"……

伴随着中国女排夺冠的消息传来，全国沸腾，群情激昂。我满怀着激动欣喜的心情在校园中溜达，边看教室边聆听孩子们的声音，迫不及待地想与他们共同感受胜利的喜悦。但我却发现孩子们的口中谈着明星、说着游戏，女排这么大的事情似乎从未关注。"上课的时候老师们会讲吧，女排拼搏、坚韧、团结协作的精神可是很好的教学内容。"我一边想着一边推开了教室的门。可结果令我大失所望，课堂上依旧只有课本知识的讲授，女排夺冠的喜悦从未出现在字里行间……

在回去的路上我感到很沮丧，学校到底要培养什么样的学生？我一直谈，国城小学的学生要学识卓雅，品性优雅，举止高雅，要有家国情怀和大家风范。现在却是"两耳不闻窗外事，一心只读圣贤书"。这不是当代少年应有的模样，他们的身上少了一种"气"，那是一股"先天下之忧而忧，后天下之乐而乐"的意气，一股"天下兴亡　匹夫有责"的正气！创设蕴德课堂，开设思政课的想法一刻也等不了，孩子们是祖国的未来、民族的希望，而青少年阶段是人生的"拔节孕穗期"，需要精心引导和栽培。上好、上通、上透、上出彩每一堂思想政治课是落实"立德树人"理念的重要抓手。我们要将道德教育贯穿在日常的每一堂课中，在潜移默化中做到润物细无声，让爱国主义成为他们的坚定信念和精神依靠。

于是，少先队开始规划系列红色教育活动，从每一次升旗仪式开始，对队员进行爱国教育；在建党100周年之际，深入开展"爱党五个一"活动：一次以"成长新起点，添彩红领巾"为主题的开学典礼、一堂"请党放心、强国有我"为主题的开学第一课、一期"红领巾相约2035，争做小小追梦人"的主题板报、一次"红领巾心向党，争做新时代好队员"的主题手抄报、一场"党的故事我来讲，争做红领巾讲解员"的党史宣讲大赛。让活动充实学生的内心和课业生活。

丰富的校园活动是爱国教育的载体。每学期学校开展红色歌唱朗诵节，学生学红歌、唱红歌；开展红色读书节，学生畅读红色书籍。多彩的活动从体育、艺术、科

朝气蓬勃的少先队员

技、人文等各方面渗透爱国主义教育，让队员们有参与感，深入其中感受爱国氛围。

我们要清晰地认识到爱国不仅限于学校，更要让学生走出去。于是，我发动教师带领少先队员前往爱国主义教育基地，如城阳区档案馆、城阳烈士陵园、青岛毛公山风景区、青岛纺织博物馆、青岛海军博物馆等参加爱国研学活动，通过主题队会、手抄报、绘画、征文、演讲比赛、知识竞赛等形式让少先队员将爱国的种子深埋心中。紧紧抓住"七一"建党节、"八一"建军节、"九一八"事变、国庆节、国家公祭日等契机，开展"爱我国防"主题教育，我们还邀请部队官兵、红色宣讲员等走进学校与少先队员开展梦幻联动活动，给队员们讲述国家历史和军事国防知识；同时队员们也走进刘公岛、海军博物馆、国防营地等国防教育基地感受部队生活，增强少先队员拥军爱军的意识。

在日常的学习生活中，学生以班级为单位，在老师的带领下自主探究，通过追踪时事，对时政新闻进行播报点评，以小见大，引导学生以榜样为指引，向着自己的梦想努力前行；以践行为基石，在观察和思考社会现象中坚定理想信念，树立正确的世界观、人生观、价值观。

学习英雄守初心，弘扬精神担使命。作为思政课教师，我们承载着传播知识、传播思想、传播真理和塑造灵魂、塑造生命、塑造新人的时代重任。通过"我爱中国红"这一思政课，努力为学生内心埋下真、善、美的种子，引导学生扣好人生第一粒扣子；通过将蕴德课堂渐渐地融入每一个学科的日常教学中去，我希望国城小学的学生牢记总书记对青少年的殷切期望，发愤图强、砥砺奋进，充分利用学校的优质资源，在感恩中成长，在拼搏中绽放，做好接班人，向祖国的英雄致敬！

当国歌响起的那一刻

"起来，不愿做奴隶的人们，把我们的血肉筑成我们新的长城……"雄壮的国歌在教室内萦绕，学生屏气凝神、仰头凝视，庄严地向五星红旗行注目礼。看到学生大声高唱国歌，我内心不由得为设立"每日国歌"的想法而欣喜。

我驻足在教室外，和学生共同唱起国歌时，切身感受到的是当代学生和祖国同呼吸、与时代共命运的责任感和荣誉感。"同学，你怎么没有升国旗唱国歌？"庄严的国歌声刚结束，学生看到走进来的值日生发出了疑问。默默注视一切的我，心中多了一丝宽慰，大部分学生唱国歌、行队礼已经入脑入心，我不禁回想起当初设立"每日国歌"的初衷……

学生仰视国旗冉冉升起，朝气蓬勃的面孔，嘹亮的国歌声，庄严的升旗仪式……这时在教学楼所在的方向，两个奔跑的学生引起了我和其他同学的注意，与

学生注视五星红旗升起

这庄严的时刻格格不入，甚至有些扎眼。国歌响起在学生心中到底有着怎样的意义，应该怎样做，我内心打上了一个深深的问号。

升旗仪式结束后，我了解到这两个学生因为个人原因迟到，害怕受到老师的批评，才匆匆地赶来。了解原因后的我内心思绪万千，新时代的接班人，当立大志、明大德、成大才、担大任，要对祖国有最基本的尊重。如何强化学生的爱国情感，展现国城小学的精神风貌，让德育在无形中得到潜移默化的渗透，成为亟待解决的问题。这时，清脆的铃声响起，我突发灵感，听到铃声，学生知道要上课，那么听到国歌就一定要学会升国旗唱国歌！"每日国歌"的想法在我脑海里油然而生，早晨 8 点 10 分，国歌准时响起，刚开始时，还是会有学生在国歌响起时干自己的事情，走廊上依然可见值日生打扫卫生的场景，学生好像害羞的不敢张嘴。经过一个月的训练后，我在巡视早读的时候，发现了令人惊喜的一幕，当国歌响起，一切好像按下了暂停键，走廊外依然有学生的身影，只不过挺拔着身形一动不动，刚从洗手间出来的孩子也停下了脚步；在教室里，学生昂着头，静静地注视着黑板前的国旗，一个个队礼敬得神气十足，老师带头唱国歌，学生的声音盖过老师，一时间，整个楼道回响着"起来，不愿做奴隶的人们，把我们的血肉筑成我们新的长城……"的雄壮旋律。这才是国城学子的精神风貌！

后来，学校门口多了一个大喇叭，迎着朝阳的曙光，雄壮的国歌再次响起，我看到学生的动作停顿了，听到国歌肃然起敬的精神面貌已经深入人心。有位家长要给孩子背上书包，只见孩子忽然紧紧攥着爸爸的手，我不知道她向父亲说了什么，只是我看到父女俩倒映在地上的影子，一大一小，就这么静静地站着，就像一道亮丽的风景。

"每日国歌"的设立，加强了学生的爱国主义教育，增强了学生的民族自信心与自豪感，后来学校的铃声也改成了红色歌曲，希望在潜移默化中将爱国之情厚植学生心中，为学生扣好人生的第一粒扣子。

探索"零废弃"争当小能手

学校的卫生环境一直是我重视的,每每看着校园,垃圾桶里满满的垃圾总是让我觉得不那么"舒服",我总想做点什么……

当 2018 年 11 月习近平总书记在上海考察时提出"垃圾分类就是新时尚"的观点时,我更加意识到:从娃娃抓起,小手拉大手,发挥孩子的主观能动性,实现"全民垃圾分类"的理想,进而实现"绿水青山就是金山银山"的目标。因此,少先队开启了"以垃圾分类为抓手打造零废弃校园"的微创新实践活动。

寒假里,总务部门在校园安置了"小黄狗"垃圾分类回收机,为每个教室、每条走廊配齐分类垃圾桶,宣传栏里张贴垃圾分类宣传标语,从外部环境方面做好垃圾分类的准备工作。少先队员们在教师的带领下走进小区、商场调查分类垃圾桶覆盖情况、居民知晓率,同时向居民宣传垃圾分类知识。

国城小学的学生进行厨余垃圾堆肥

　　开学后，我们成立以班级为单位的小黄狗基金账户，聘请专业人士进行培训，通过评比的方式激发学生动手分类的兴趣。我们还给每个班级配备了一只"无废包"和专属交投卡，学生将平时产生的可回收垃圾投进"无废包"，每周五中午进行固定集体交投，根据交投量收获相应绿植，当学生为班级赢得一棵棵绿植时，那股骄傲劲别提多有趣了，自此，校园里掀起了垃圾分类的热潮。

　　2020年1月，我们申请承办了青岛市少先队"小手拉大手，垃圾分类我先行"寒假主题实践活动。学生身披用废弃物制作的"服装"走秀、化身可爱的四类垃圾桶自述、以家庭为单位现场进行比拼、小手拉大手共建分类家庭倡议等有趣的活动得到来宾们的认可，整个垃圾分类活动也走向高潮。

　　经过专业人士的指导，我们又安置了一处集中投放小屋，进行了厨余垃圾堆肥的尝试。"剩菜剩饭"有了去处和价值，通过发酵形成养分充足的"黑金土"，正好用于学生劳动农场的种植活动，真正实现绿色循环圈。

　　学校确立了"净校、净家、净山、净海"的零废弃主题实践活动，我看到了学生在每周五全校大扫除时卖力的身影，我收到了家长们反馈的学生做家务劳动的视频，我看见红领巾志愿者们"上山下海"的环保大作战行动……

　　在探索"零废弃"的路上，我们不曾停下脚步，也将时刻眺望远方！

"光盘侠"变身"小帮厨"

　　国城小学的餐厅，一直是一个香喷喷的地方，为老师、学生的餐食日日忙碌着，平时我也喜欢到这个"国城大饭店"转一转，感受这生活的烟火气。常说唯爱与美食不可辜负，尝到美食是一件幸福的事情，可制作美食的过程更具有意义，今天我们的"光盘侠"化身"小帮厨"在"国城大饭店"里不停地忙碌着。

　　穿好工作服，戴好口罩、手套，准备就绪！此时此刻，我感受到了"阳光下的小围裙，一面是日光，一面是饭香"的含义。在国城小学，学生都有机会走进餐厅，参与原料清洗、食品加工、餐具消毒、卫生清理等餐厅管理全过程，切身体验劳动的辛勤与快乐。

学生们在学校食堂进行帮厨活动

　　我与你同行，你让我懂得了服务他人的辛苦与乐趣；你与我同坐，你让我感受到了一餐一汤皆是劳动成果。参与帮厨的学生统一在餐厅管理人员的安排下从事分配饭菜、择菜、清洗碗筷、分饭等工作。

　　活动中，学生的参与积极性非常高，他们各司其职、干劲十足，有的学生一看就是干活的"老手"，择起菜来有模有样，有的却是第一次走进餐厅参与帮厨，小心翼翼，无从下手。"阿姨，这个芹菜怎么摘比较快啊？""我会！"只见一个小男孩抄起筷子就动起手来，筷子击打在芹菜的那一刻，叶子纷纷掉落，这样的效率确实高多了。"这是跟谁学的？"我不禁问起，"我之前在这帮厨的时候，阿姨教我的。"学生帮厨的收获在哪里？能收获一个小小的择菜技能也是不虚此行。分饭的过程才是精彩，"我同桌的饭量大，多给他一点！""你的粥洒出去啦！""馒头一人一个，不够再去拿，别浪费了。"一个个小小的身影穿梭在餐厅里，一个人端着一大盆饭也不嫌累，关键的是直到其他学生开始用餐他们也没有休息，一个个站在那儿，小眼睛紧紧地盯着正在用餐的伙伴，看到有人把饭菜不小心洒出来，他们会善意地提醒；没有光盘的伙伴也逃不过他们的法眼，看到学生乐在其中，我也收获满满的幸福感。

　　学生劳动技能的获得要感谢在食堂辛勤工作的叔叔阿姨，在他们心里，一心一意为学生服务就是他们的职责，把这份工作做好就是他们最大的目标！随着学生陆续返回教室午休，食堂的喧嚣也渐渐消逝，独留下洗碗间的热火朝天。如果你来到国城小学，请一定到"国城大饭店"品尝一下美味佳肴，尝尝学生亲手制作的美食，那是用爱传递的味道。

　　2021 年，教育厅授予国城小学食堂山东省中小学校星级食堂的称号，我校成为唯一获此殊荣的区直属学校。我想，无论是端午节餐桌上的粽子、中秋节的月饼、儿童节的棒棒糖，还是香喷喷的咖喱鸡肉饭、热乎乎的红烧肉、皮薄馅厚的美味大包子……都能让人感受到"国城大饭店"不仅有态度，更有温度！

　　"辛勤的劳动创造了美好生活，勤劳的双手绘制出祖国发展蓝图，坚韧的脊梁方能撑起光明的未来。"愿国城学子小小的双手，托起大大的梦想。

劳动教育的一道"好菜"

在教育部发布的《义务教育劳动课程标准（2022年版）》中，根据不同学段制定了"整理与收纳""家庭清洁、烹饪、家居美化等日常生活劳动"等学段目标，这就意味着学生要会做两三道菜。看到这则新闻，我不禁有些得意，其实早在3年前，我们就开始实行"风味国城，每日一菜"系列活动，如今算来，也得有几百期了。

3年前，新冠疫情防控期间学生不得不在家进行网课学习。这么长的居家时间难免枯燥，让孩子做点什么既能培养他们的兴趣，还有利于他们的成长呢？这成为我思考的问题。一次偶然的机会，我在朋友圈看到一位家长的"炫耀"："女儿长大了，会给妈妈做饭了！"文案的下面配了美食的照片，一盘简单的西红柿炒鸡蛋，看起来就很好吃的样子。依稀记得她的女儿只是一名三年级的学生，现在的孩子都这么厉害了？其他的学生应该也不会差，不如就学习烹饪吧！让劳动课利用假期时间真正落地。于是，从"菜系选择""食材准备""语言表达""动手实践"四个方面入手，做出属于学校特色的"风味国城，每日一菜"劳动课程就这样提上了日程。在家长的陪同下，学生独立完成从买菜到烹饪这一系列的过程，家长用手机记录下来，

"风味国城，每日一菜"展示美食

直接推送到学校的公众平台,一个个美食小主播就这样诞生了。

活动刚开始,每天都有家长给我反馈:孩子做菜时不懂得如何放油,不懂得如何切丝,整个做菜过程堪比灾难现场,家长在旁边收拾不及,不愿让孩子再来"捣乱";宝贝也会跟我反映"校长,西红柿炒蛋的油溅到身上好痛呀""菜刀差点切到手"等"惨状",我从不支持他们退却,因为我们都知道"熟能生巧"。于是我便将收到的每一条消息都认真反馈,鼓励家长从旁协助,告诉学生学会寻求爸爸妈妈的帮助。在双向奔赴下,学生都有了自己的拿手菜。

如今,"风味国城,每日一菜"的活动已经持续3年了,越来越多的国城宝贝掌握了一些做菜的技巧,有的学生技术甚至比肩父母,这让我感觉我们的工作取得了不错的成效。现在学校的"风味国城"专栏中可谓菜品丰富,除了有简单的凉拌菜、小炒菜、红烧肉、糖醋里脊、辣子鸡等高难度的菜也在"内卷"起来,孩子们的厨艺越来越好,面对镜头也不再羞涩,反而落落大方地展示,越来越像美食小主播,后来学校还将学生视频制作成册,记录他们劳动的点点滴滴。教育家苏霍姆林斯基曾说:"要把儿童、青少年的劳动包含进家庭的经济、物质生活,成为其必不可少的有机组成,让父母把劳动看成是孩子的神圣责任。"通过"风味国城"这一活动,学生锻炼起来的是好好生活的能力,是展示自我的能力,是与人沟通的能力,而这些能力是学生未来幸福的关键。生活的路,深一脚,浅一脚,迟早得由学生自己走!

我和鸟儿是朋友

　　国城小学是一所充满绿色的校园，大树小树郁郁葱葱。走在树下，抬头看到蹦跳的小鸟，它们清脆的歌声与教室里孩子们的读书声此起彼伏，让人感觉生机无限。

　　每个早晨，我流连操场上鸟儿生机勃勃、喳喳争鸣；每个加班的夜晚，我奋笔疾书在书案前，零星鸟鸣总是让我感到有所相伴……鸟儿的可爱不仅仅为我所知，更应为孩子们所知。

　　习近平总书记曾说，"绿水青山就是金山银山"。保护野生动物，维护生态平衡，不仅关系到人类的生存与发展，也是衡量一个国家、一个民族、一个城市文明进步的重要标志。为了以行动带动思想，我和团队组织孩子们参与了多个活动。在山东省"爱鸟周"中，我们举行"保护鸟类资源，守护青山绿水"主题升旗仪式。在仪

"爱鸟周"期间，郝玉芹与学生一起安放鸟巢

式上，少先队员代表倡议每一名队员积极加入爱鸟护鸟的文明行列中，自觉保护与我们一起生活的"小邻居"，为建设文明和谐的家园贡献自己的一份力量。我还邀请了中国野生动物保护协会副秘书长郭立新为孩子们讲述鸟儿的故事，让鸟儿的自由扎根在学生的爱中。看着学生懵懂却又逐渐明亮的目光，我明白需要做的还有很多。

为了让队员们更加深入地了解候鸟的有关知识，学校少先队定期开展"爱鸟护鸟知识竞答"活动。竞赛题目包含了候鸟的种类、候鸟的特征、保护候鸟的正确方法等，看着学生自己收集资料与学习，我感觉爱的传递并未白费。在少先队活动课上，各中队辅导员以"我与鸟儿共家园"为主题带领队员们学习护鸟小知识，教育队员们通过自己的力量爱护环境，保护候鸟资源，守护青山绿水。会后，不同的年级各自组织活动。一、二年级的队员们通过自己的双手描绘了一幅幅人鸟共家园的美丽画面，他们的作品色彩鲜艳，构图饱满，展现了队员心中美丽的大自然；三年级的队员们用精美的图画和爱鸟知识装饰着一幅幅爱鸟小报；四年级的队员们将自己与小鸟和谐相处的故事用作文的形式娓娓道来；五、六年级的队员们行动起来，将小鸟的家重新粉刷、装饰，不少队员为小鸟又建造了一批新房子，一个个可爱的小房子精致又实用，让可爱的小鸟再回巢时能享受到来自国城小学的温暖……再后来，为小鸟安家成为每位国城人的必修科目，甚至在校庆、开学等重要节日中，家长也参与其中，与孩子共同为小鸟制作温暖的爱心小窝。

温暖的发散促成了课程的再造，我们将生态文明教育纳入学校课程，通过多学科对学生进行生态文明教育；在这有声、无声的教育中，相信国城学子爱鸟护鸟意识得到了强化，能用自己的行动去影响更多的人！

以爱之名，温暖如初

翻开日历，六月一日快到了，那天的国城小学一定是张灯结彩、热闹非凡吧！那天的孩子们一定是欢呼雀跃、手舞足蹈吧！真羡慕他们，在不知忧愁的年纪有一颗纯朴的童心。

感叹之余，我也在想着，我该给自己的孩子准备一份什么样的礼物，我该给国城的宝贝们准备一份什么样的礼物……

"孩子们最爱看动画片，如果穿上人偶服出现在校园，他们一定兴奋坏了。"

"小孩嘛！谁不爱甜甜的棒棒糖。"

"儿童节一定要有精彩的文艺汇演。"

听着老师们为儿童节所想的一个个方案，都很符合节日应有的欢乐氛围，但

六一儿童节的欢乐定格

我始终觉得没有得到最心仪的答案。直到不知哪个角落传出的一个微小的声音说："现在的孩子真的很幸福啊，我们那时候的儿童节……"

后面的话我已经听不清了，但我的思绪也随着这句话走进了自己的童年，那时候，每个家庭都不富裕，身为儿童的我们，在节日当天能穿上一件漂亮衣服，能得到一个小小的文具礼物，就感觉是最幸福的事了。我们的孩子是幸福的，可惜已经体会不到那种物资贫乏年代的幸福了。物资贫乏？这让我忽然想到了大山里的那些孩子，他们又能收到哪些礼物呢？作为"手拉手"学校我们又该做点什么呢？怎样才能让两地的孩子共同度过一个有意义的儿童节呢？一系列的问题引人深思。

有了，义卖！让国城小学的孩子们通过自己的劳动制作物品或者拿自己已经不再需要的东西来学校进行"义卖"，义卖所得再以孩子们的名义换取学习文具等为"手拉手"学校送去一份儿童节礼物。这既能让国城小学的宝贝懂得帮助与关怀，又能让大山里的孩子度过一个快乐的节日，两全其美。

有了这个想法，学校中层干部立马开会，在会议中完善了"义卖"所有的流程和细节。每个班怎么准备义卖物品，怎么划分义卖区域，怎么让孩子们自己销售自己的物品……越想越有画面，越想越兴奋，这样的儿童节一定特别有意义。

日历终于翻到了6月1日，整个国城校园瞬间变成了一个"超级市场"。各种小摊位开张了，各个小商铺营业了。每个摊位前还摆放着孩子们精心制作的摊位介绍。"零食杂货铺，你童年的最甜时光"，这是孩子们昨天亲手制作的糖块；"知识的海洋，你来不来游一会儿"，这是孩子们阅读过的书籍……各种小彩旗和海报飘舞着。

"看一看，瞧一瞧，这里有你的需要……"听到一句句吸引人的叫卖声，我不禁走过去："孩子，你怎么这么会卖东西？"

"校长，这都是我爷爷和爸爸传授给我的经验，他们说做生意就要敢于表现，不能害羞。"

我突然不知道怎么表达我激动的心情，孩子们的收获太多了，这个儿童节，没白过。

这份热闹持续了整整一天，孩子们将卖东西赚的钱全部交给了班主任，义卖所得给贵州、菏泽的"手拉手"学校带去了一份温暖的礼物。

同时，国城小学的孩子们在儿童节知道了付出的不易，也能体会到收获的快乐，更多的是孩子们尽自己所能献出的一份爱心。

义卖收获了爱心与责任，也让孩子懂得了携手与成长。与贵州建立"手拉手"合作关系之后，陆陆续续的互助新点子在我脑海中闪现。如何让两个不同地区的孩子收获不同的成长呢？连线、写信、互赠礼物都做过了，还能再做些什么呢？

仲春，运动会上的全校口风琴表演让我震撼颇深，我灵感闪现，为什么不让学校的特色课程之风吹到遥远的山区呢？口风琴作为我们的"卓雅课程"在学校发展的已经很成熟了，每个孩子都能熟练演奏成曲，他们都可以当"小老师"传授音乐知识，于是我便想筹划一场特殊的联谊。

周五，一辆大巴载着希望与求知来到国城校园，来自贵州的40多个宝贝带着期待与国城小学的孩子们相遇。国城宝贝用热情的口风琴演奏欢迎了来自远方的朋友，看着他们熟练的演奏，我的心中溢满感动，40多双目光溢满艳羡。携手转看校园，相互交流问好，孩子们的快乐非常简单。我与他们的领队聊教育、聊差异，不经意间回首，便看见孩子们正手把手教伙伴们学习口风琴。我悄悄看着，便做了这样一个决定——为"手拉手"学校捐赠200台口风琴。

当载着物资的火车开往山区的刹那，我仿佛看到了花朵的绽放。远方常常来电，两个地区的孩子通过视频连线相互学习、切磋，其乐融融，爱心与友情在悄悄生长。

童心点亮星光，有情有义也有爱，有你有我也有他。一场义卖活动，引发的热潮正让校园的空气里氤氲着满盈盈的爱心。

第七章

对的时间遇见对的成长

课堂上观花开花落，课堂外品云卷云舒，不同时间，不同的用心。国城小学的生活，课上精彩，课下同样有收获。小组合学、项目化学习让每一个学生都能在智慧的海洋中畅游，遇见成长！

合作共赢，打造高效课堂

建校之初，有幸结识了乐陵市实验小学的李升勇校长，在乐陵实验小学的那几天，给我印象深刻的便是学生在课堂上那明确的分工，那有条不紊的展示，那侃侃而谈的自信。至此，我感受到了小组合学的魅力。回校后的第一件事，便是安排了三位老师先后到乐陵实验小学取经。

一个优秀的小组需要我们做大量的前期准备工作。首先，我们要进行小组的划分，做到异质分组。由于学生所处的文化环境、家庭背景和思维方式的不同，学生的学习富有个性，我们在分组过程中，要学优生和待优生相搭配、性格活泼的和性格内向的相搭配，做到相互影响，取长补短。其次，是组织的命名和角色的设立。组织的命名可根据学生的喜好尽量选取一些具有文化底蕴的队名。而在分工上，我们主要有主持人、发言人、书记、协调员等多个不同的角色，学生可以随时转换角色。

最难的是小组合学的训练。学生初次接触小组合学感觉很新鲜，叽叽喳喳地分工和讨论，但是效率不高，一节课从准备到展示最多进行两个小组，很多老师认为这影响了教学进度，向我吐槽小组合学的弊端，想要恢复老方法。我一直坚信，一种新的教育方法的使用不是一蹴而就的，既然教师团队有人提出了质疑，那就用结果来说话。于是，我们设置了实验班和对照班，选择一个级部两个成绩较为接近的班级进行实验，一个班级按部就班沿用老路子，一个班级尝试小组合学，两位任课教师都是学校的骨干教师，教学水平不相上下。两种截然不同的上课方式吸引了教师们的目光，很长一段时间，两个教室的后面自发坐满了听课的教师，有人对实验班的教师很是羡慕，整节课讲不了几句话，也有细心的教师发现合学的过程中，有一些学生借此说起了悄悄话。在课后的教研中，实验班的教师表示，自从实行小组合学后，自己的备课任务量明显增加，原来自己讲得多，学生按照教师的思路走，备课是比较简单的，现在要预设各种各样的问题，课堂生成的东西是难以把握的，所以对教师的挑战很大。面对部分学生没有参与感的问题，大家集思广益，通过小组互评、随机点名等形式来辐射全体。

学校青年教师在区公开课中展示小组合学

一个月的时间转瞬即逝，在每月的教学闯关中，教师们惊奇地发现，实验班的成绩竟然不如对照班！大家开始产生了怀疑，我宽慰着实验班的教师，别急，再试两个月。后来，实验班果然不负"我"望，稳超对照班，甚至大有超过第一名的势头。第一个月的训练，成绩不进反退是正常现象，一旦师生熟悉了方法，教师的压力减轻了，学生自然而然也提高了学习的兴趣。

当我再次走进课堂，映入我眼帘的是小组自信大方的展示，是学生们的积极主动参与，是组员之间的倾听与讨论，更是小组之间的互帮与互助，这是知识的迸发，也是爱的凝聚。

而我们的教师也将小组合学运用到了每一科。在语文课上，学生合作赏析课文，品悟文字之美；在数学课上，学生合作巧摆教具，解析题意；在英语课上，学生合作表演英语话剧，对话流畅；在美术课上，学生合作创意画，勾勒未来的美好世界；甚至在操场的角落里，都是小组探讨的身影……教学相长，在这样浓厚的学习氛围下，教师自身的业务能力也成长起来。

现在的课堂上，小组合学是常态。《学记》中言："独学而无友，则孤陋而寡闻。"我们倡导学生在学习过程中要相互切磋，彼此交流经验，以提高学习的效率。学校要真正为培养学生的合作意识、提高合作能力服务，真正为学生今后在社会生活中适应竞争、学会生存奠定基石。

暖心托管，童趣"拾"光

浅浅时光，花开未央。每天下午 3 点 30 分，这里便成了热闹的海洋，有的正忙着运动，有的专心地听老师讲故事，有的正跟着老师学习手指游戏，还有的正妙手出彩，描绘着一幅幅美丽的画作……这是学校为响应"双减"号召，实行托管 5+1+1 模式。

放学铃响起，原本安静的校园立刻沸腾起来。管乐、舞蹈、二胡、绘画、陶艺、击剑、足球、编程等几十余门精雅社团热闹非凡。

这是自"双减"政策实施以来国城小学课后托管的第一天，和往常一样，我习惯性地开始步行着看校园，扑面而来的是青春的气息，是一张张孩童的笑脸，身处这样的校园，我也感觉年轻了许多。

在操场上，足球小将灵活地运球、踢球，在教师的带领下学得有模有样；在舞蹈室里，学生身穿舞蹈服，下腰、劈叉等高难度动作惊呆众人；在微机室里，一串串

特色托管中，轮滑社团学生的笑靥

字符在学生的手中变幻莫测，编程、机器人等项目有效地锻炼了学生的思维能力；在陶艺教室里，学生仔细地打磨着手中的宝贝，从拉坯到烧制，历经困难，终于制作出一件件美丽的艺术品……

在校门口我听到了这样的声音："妈妈，我还可以在学校多待一会儿吗？"

在国城小学，你会看到一批批知书达礼、乐思普创、阳光出彩的优秀少年，他们像拔节的麦苗，贪婪地吮吸着知识的甘霖。每一个闪耀的梦想，都会像太阳那样，照亮他们幸福的前行之路。

为了更好地践行"十个一"项目，除了精雅社团的训练，学校以班级为载体开展特色托管活动，将掌握一项体育技能、一项艺术才能、一本书、一篇日记、一次劳动、一支歌、一首诗、一次演讲、一次研学、一次志愿服务等"十个一"项目融入托管中。对于一、二年级的学生来说，这可是件稀奇事儿，没有作业困扰的他们，用画笔绘出童年，用歌声唱出欢乐，在奔跑中锻炼体能，在品读中陶冶情操，在清扫中学会劳动……丰富的活动构成了一道亮丽的风景线。

三年级至六年级学生的课后托管活动同样趣味多多，班级设置作业超市，根据学生不同水平进行作业分层，学生自主选择作业套餐，更高效地完成作业。完成任务的学生可以走进微型图书馆畅游书海，走进劳动基地进行蔬菜种植，或者两两结对体会英语歌曲的魅力……

多彩的课后托管丰富了学生的课后活动，充实而又精彩。

课后托管中学生们聚精会神地读写

之前想让孩子学艺术，不知道选择什么好，国城小学特色托管给了我们更多的选择机会，我们有了方向，孩子也学到了一定的基础，彻底解决了我们的顾虑！

——家长

以前托管就是看着孩子写作业，写完作业没事干，学生无聊，纪律也难管。现在给他们"找事"做，学生学到了不少东西，老师也跟着"沾光"，在托管中不断提升自己。

——教师

原来很不喜欢托管，一放学特别想回家，现在和小伙伴写完作业后忙着出去锻炼身体，忙着画画、忙着读书，时间一会都过完了，真的很有意思。

——学生

"认真做好延时规划，全力推进'双减'落地"是国城小学每一位教师坚守的承诺。学校举全校之力，让"暖心托管服务"呈现美妙多变的模样，让"五项管理"落地生根，真正还孩子一个纯净、幸福、多彩的童年！

第八章

闲文偶得　流年碎影

　　徜徉校园，处处皆美，总有感悟相随。在国城校园中，教育之感不再俯身细察、凝神谛听，而在于一刹那的灵感、一瞬间的感动，或来自人，或来自景，或来自物，或来自这所学校带来的触动。

众人浇灌幸福花

后勤工作是学生成长和教育教学工作正常进行的重要保障。我很庆幸，在国城小学，有这么一群可爱可敬的人，他们在细致烦琐、日复一日的工作中，用爱与专业呵护学生的成长；他们在平凡的岗位上书写着不平凡的故事；他们时刻保持"爱心、细心、耐心、责任心和恒心"，为学生的后勤生活提供贴心、周到的服务，他们就是学生成长中的守护者。

在不经意间，寒假已悄然走过 10 日，此时的国城校园，虽然已经没有了学生的嬉笑和喧闹，但却并未停摆，因为还有一群守护者，在默默地为提高学生在校的幸福感而努力着。

为你"盛放"

寒冬萧瑟，却也不能阻止他们站在冷冽的风中补植一棵棵树木。只为你踏春归来时，能够拥有满眼的繁花，微风拂过时，能嗅到那扑鼻的香气。

也许你并不能看出哪一棵树是"新朋友"，哪一棵树已经陪伴你许久。你只需要知道，它们皆是为你盛放，带着学校对你的深情。

为你"发光"

在这里，你从未感受过黑暗。那是因为每当有"歇业"的"老伙计"，就有人将其送离这个重要的"岗位"，换上"新生力量"。保证你前行的每一步，都有坚定且明亮的光，指引方向。

无论你在与否，它都不曾懈怠。无论你在与否，他们都不曾疏忽。你不需要知道它们曾何时"换岗"，你只需要知道，它们时刻为你发光，带着学校对你的希冀。

为你"发热"

温暖，从不曾因为你的离开而停止供应。也许你未在学校里看到过这样的背影，但他们却将你的冷暖放在心上。

也许这温度来得并不是那么滚烫，但是推开门的那一刻，迎面而来的暖意，就是他们辛苦的意义。你不必知道温暖何时走过"岔路"，你只需要知道，它们不间断为你发热，温暖你的生活，带着学校对你的牵挂。

为你"除尘"

尘土未曾落定，便已远去，不是因为风的召唤，而是因为有不停运转的消烟除尘设备，而它的"负荷"，也要不时地清理，只为了让你能够不间断地拥有清新的学习生活环境。

你不需要知道尘土与烟是否来过，你只需要知道，它们在不停运转，为你除尘，带着学校对你的眷顾。

为你"清场"

秋有落叶，冬有雪。长长的寒假过后再回来时，你可能会觉得眼前的学校既熟悉又陌生，那是因为有人在不停地打扫，这个校园比你离去时更加的洁净。

你不必知道这个假期里，草坪上、房檐下、树林中……都少了什么，你只需要知道，即便你许久未归，也有他们为你清场，等你回来，带着学校对你的思念。

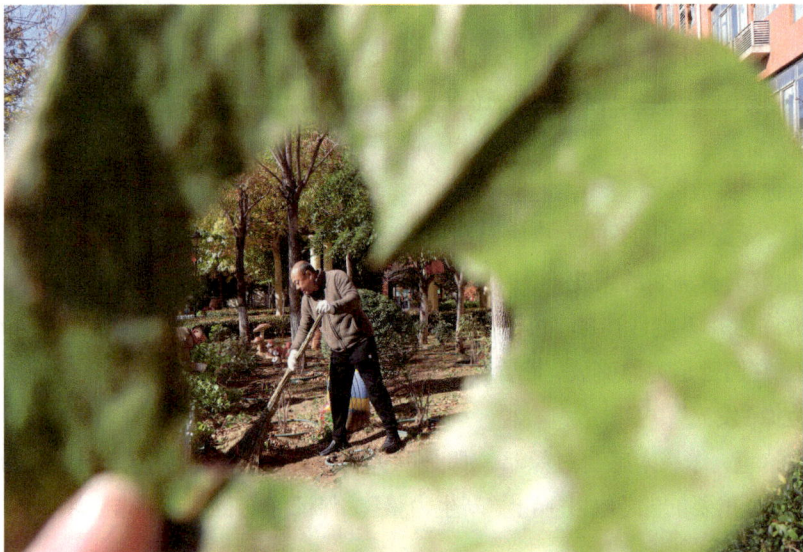

后勤员工美化校园

每天的校园都有忙碌的身影，每个人都奔波在奋斗的路上。后勤服务是学校工作的重要组成部分，是保障学校安全与稳定的重要环节。星夜入眠，是他们为全体师生守护了一片天；凌晨奔波，是他们为全体师生 付出了一片情。虽然大家的着装不同、口罩下的面容不同，但坚守岗位的勇气、决心和甘于奉献的热血、执着是相同的。他们是餐饮部门、保洁部门、绿化部门、维修部门、保安部门……在大家的辛勤努力下，学校教学秩序井然，生活环境整洁，后勤保障有力。颁奖台上的他们朴实无华、善良真挚,对于这个奖,他们感怀的同时又无限的感慨,在鲜花和掌声下,他们的眼眸也变得湿润了。国城小学为他们准备的惊喜,更加坚定了他们在心里把学校当成第二个家的信念。

初心如炬,使命在肩,任何平凡的岗位都是展示才华的舞台。他们在本职岗位上恪尽职守、埋头苦干,展现了大爱无悔的奉献精神,体现了甘为人梯的责任担当。虽然没有惊天动地的感人故事,但他们永远是国城小学全体师生心中最温暖的后勤人,作为校长的我也为国城小学拥有这样一群有温度的后勤人而感到无比幸福与放心。

志愿服务，守护温暖

用"慧爱"凝聚"汇爱"，国城人逐渐"会爱"
——"汇爱"志愿者服务队的诞生

我一直引以为傲的事，就是在校园里，有这样一群人，他们发挥着自己的光和热，尽己所能帮助他人。后来，这群人越来越多，由学校拓展到社会，由党员发展到群众，由大人发展到孩子，近万人的庞大队伍让国城小学"慧爱先锋"的名字回响在城阳区的每个角落。

2018 年 1 月 20 日，我萌生了建设一支志愿者服务队的想法。这个想法来源于国城小学第一批宝贝们的其中一员——小菲。

和许多小朋友一样，小菲原本有一个幸福的家庭，勤劳的爸爸，温柔的妈妈，可爱的弟弟，慈祥的奶奶，还是孩童的她原本只需要开开心心、无忧无虑地做一个小公主，然而突如其来的意外，让小菲的妈妈早早地离开了人世。俗话说，有妈的孩子是个宝，没妈的孩子像根草。母亲的离世，让小菲过早地尝到生活的不易。孩子小小的肩膀上还要承担起照顾弟弟、帮助奶奶的重担。

每天上学，她都起得很早，从未迟到过，甚至比学校附近的学生到得还早，放学后，她总是跑着回家，到家后不是照顾弟弟就是忙着做家务。晚上等活儿忙完，她做完了作业才去睡觉。这个坚强的孩子把眼泪都咽到了肚子里。

我一直认为好的教育不应该只局限在学校，社会这个广阔的空间也是学习的最佳舞台。在了解到小菲的情况后，我更加坚定了帮助她的想法。自此之后，每年我都会去小菲家里坐坐，给孩子送点吃的用的，了解一下孩子的近况。当然，我深知个人的帮助是杯水车薪，汇聚八方支援，凝聚团体大爱，才能更好地帮助小菲。

为了更好地帮助像小菲这样的学生，汇爱志愿者服务队应运而生。这个名字承载着国城人"学会爱、汇聚爱、汇出爱"的美好希冀。尽己所能，无私奉献，传递真诚，共筑爱心，践行慧爱精神，传播风雅文化，为建设阳光国城、文明社会贡献自己的力量。每个志愿者牢记口号，不断开拓志愿者服务项目，开展了"汇爱基金""动感中队"等系列活动。

汇爱志愿者服务队的诞生，不仅更好地帮助了小菲这样的贫困学生，更翻开了国城小学慈善公益的新篇章，对于学生价值观的塑造也产生了深刻的影响。

自从接受救助以来，小菲家解决了部分困难，使她能够有更多的精力学习，她立志好好读书，将来凭自己的能力回报那些关心他、帮助他的人。从此以后，她上课时注意力更加集中，生怕漏听老师说的每一个字，写作业认真，爱动脑筋，在学校里一直得到老师的好评和认可。

这又是一个有着善良之心的孩子。虽然家中贫困，但平时哪个同学没有了学习用品，她就会把自己的东西主动地借给同学，哪个同学有了不明白的问题，她也会主动帮助。家贫志不短，她是老师的小帮手、同学的好伙伴。

小菲的故事，深刻地影响着周围的同学们。许多国城宝贝在了解到她的故事后，拿出自己的压岁钱，帮助自己的同学。在学习生活中，同学们也给予了小菲积极的关心。这些行动，凝聚着孩子们之间纯粹的友情，凝聚着中华民族助人为乐的美好精神品格。

如今，小菲也从当初的孩童长成了一个大姑娘，顺利地升入了初中。虽然她从国城小学毕业了，但在我心里，我始终认为她永远是国城宝贝。我仍然跟小菲保持

汇爱志愿者服务队开展"暖冬行动"

着资助的关系与联系，曲终人散情不散，我只想让这个早早没有母亲的孩子多感受到人世间的温暖与真情。

小菲的故事只是志愿者服务队的缩影，他们的脚步不仅停留在校园，更是走向了社会。服务队累计组织志愿活动百余次，为困难、生病的家庭募捐近20万元，为全国5个省份10个城市近10000名学生送去温暖。

"阳光牵手贵州，爱心汇聚国城"，学校汇爱志愿者服务队每年开展"小小手、大大爱"牵手贵州和"爱满国城"义卖活动，成员们通过义卖筹得善款，为大山里的孩子送上一份属于自己的爱心。通过为"星星的孩子"亲手制作小礼物，让温暖时刻在孩子们之间传递。为了提高学生和家长的环保意识，服务队组织"环保护卫"志愿者活动。周末，老师、家长志愿者和"动感中队"的学生一起来到世纪公园、社区、毛公山等地清理小广告、捡垃圾，志愿者们亲力亲为，用自己的行动带领身边的人，用爱去面对这个世界，用行动去回馈美好人间。

国城小学的志愿团队创造着一个个暖心的奇迹，总在关键时刻为社会送上明媚春光。

俗话说得好："家家有老人，人人都会老。"尊老爱幼是中华民族的传统美德。但是在物质生活丰富的今天，很少有人会想起身边还有一群年过古稀却没有亲人陪伴的孤寡老人。生活没法自理加上心灵上的寂寞，他们的生活非常不易。于是，汇爱志愿者服务队出动了。他们为老人们送上水果、牛奶等营养品，为他们打扫院内卫生，陪老人们聊天，事无巨细地告诉老人们要注意多变的天气，保重身体。令人动容的还是那次，一名80多岁高龄的老奶奶对小队员的到来和陪伴连声道谢，拉着他们的手久久不愿松开。

那是阳光明媚的一天，我们到了老人的住处。"里面好破啊"，孩子们悄悄地议论着。墙壁上的白灰已经脱落了，露出粗糙的水泥，几把椅子、一张桌子就是所有的家具了。孩子们望着老人家中简单的家具，半天说不出话来。我们也不知道该把礼物放在哪里好，提了好一会儿，才勉强堆放在桌子上。老人见我们来了，热情地叫我们坐下，随后又从厨房端来落满灰尘的糖果分给孩子们吃，忙个不停，我们好不容易才让她坐下。我细细地打量着这位老奶奶，她的头发花白，脸上布满了皱纹，但慈眉善目、和蔼可亲。

我带着孩子们坐在她身边，与她聊起了心事，面目慈祥的老人看着天，边回忆着边说着她小时候的梦想，她还告诉我们现在只想安度晚年，谁知道，孩子却不争气，说着，流下了眼泪。起初，房间里很安静，为了打破这悲伤的氛围，我们提议让徐子昕唱首歌、跳个舞，徐子昕可能有点害羞，一个劲地摇头。不知是谁唱了一句：

"踏着春风，迎着朝阳……"一股久违的温暖涌上心头，我们不约而同地接着唱："我们来到天际岭旁……"老人与我们一起打着节拍，看着老人眼角的泪珠和嘴边的笑容，一股心酸涌上心头，从此，孩子们三天两头往这跑，变成了"常住人口"，稚嫩的声音一口一个"奶奶"地叫着，给予老人久违的温暖和幸福。

其实，传播爱的力量就是这么简单，正因为大家的心是红的，所以汇爱志愿者服务队的队伍才会越来越庞大。每个人的能力是有限的，力量是微薄的，但萤萤之火，亦不可小觑。他们也可以照亮黑暗，迎接灿烂的曙光。

学校专题汇报

郝玉芹在疫情防控期间为国城家人们写下的一封信

结缘七年　因爱相伴——致国城家人的一封信

亲爱的国城家人们：

你们好吗？

见字如面，纸短情长。今天是个值得纪念的日子，7年前，我们相聚在国城这片充满希望的土地上，畅想着未来的校园将是怎样的模样，慧爱阶梯搭建7年，是我与你、与大家结缘的7年。我们的缘分如此之深，以至于刻入了校名，刻入了生命。7年里，我们一起见证"慧爱""风雅"的拔地而起；定格湛蓝操场的绵延新奇，我们曾一起听过"朗润苑"中的风声、雨声、读书声，更一起见证过七余载的友情、亲情、师生情……国城像一个孩子，从嗷嗷待哺到蹒跚学步，再到现在的小小男子汉，他在风雨中学会成长，在希望中不断前进，无论什么时候，从未改变。

今天是国城的生日，这个小小的男子汉曾满怀期待地畅想着与我们一起切开生日蛋糕，唱响生日歌曲，一起恣意奔跑在广阔的操场，看伙伴们肩并肩、手牵手，跳跃着，尽情欢乐……然而疫情打乱了一切计划，我们不得不面临短暂的分离，虽然此时的我们在城阳四面八方的角落，我们却有着同样的心愿：祝福国城生日快乐！

如同残冬的挣扎迟滞了春风的讯息，在接到疫情防控消息的那一刻，我们的国城家人闭门不出，毫无怨言。凌晨，班主任的电话叫醒了沉睡的你，没有抱怨，没有愤怒，一句"收到，老师辛苦了"让我们湿润了眼眶；看到小小的孩子穿着闷热的隔离服跟在家长的身后，不哭不闹，一双双紧握的手传递的是坚持，是希望，更是必胜的信念！其实每个人都不想离开，可是为了大家的安全，家人们选择了舍弃自我，这种顾全大局的胸怀令我们铭感、欣慰！你们是国城最可爱可亲的人！

正所谓患难见真情，在这期间，我收到过无数家长的电话，有家人们解决不了的困难，有对国城必胜的鼓励，更有家人笑着感谢我为他和孩子提供了更多单独相处的机会。你们所传递的积极向上、乐观开朗令我们鼓足了干劲，身后有这么多国城家人的理解支持，有政府的全力以赴，春暖花开日，疫情的雾霾终将散去，我们一定可以渡过难关!

　　作为国城人,以前,未曾言谢。现在,我们更是紧密的一家人,"谢"这个字未免有些太轻了。如果可以,我想给大家一个拥抱,感谢大家没有放弃这个哭泣的孩子,感谢大家给予的精神寄托,他是我们7年的见证,稚嫩而坚强,让我们伸出双手共同守护我们的国城家园吧!

　　从阴雨连绵到艳阳高照,从晨光熹微到夜静更阑,这里的日日夜夜我永远不敢忘怀。没有一个冬天不可逾越,没有一个春天不会到来。唯愿疫情阴霾早日散去,唯愿大家健康平安! 拨云见日终有时,守得云开见月明。家人们,我在国城等你们!

城阳区国城小学郝玉芹

2022.3.18

郝玉芹在全国中小学特色学校发展高峰论坛中作典型发言

深耕慧爱底蕴　　激活文化内生

各位教育同仁:

大家好!

桃李芬芳,教则绵长,悠悠百年,凝聚辉煌。在这个值得庆祝的日子,我首先将最美好的祝福赠予青岛第九中学!

城阳区国城小学建校于 2015 年,现挂牌青岛大学城阳附属小学,我们相比于九中来说,还是所年轻的学校,但在这片溢满"爱"的土地上,我们用心浇灌,苗壮成长。下面我将从四个方面就学校的"慧爱"文化特色与大家交流。

一、"爱"根植于本土内生的肥田沃土

苏霍姆林斯基说:"没有爱,就没有教育。"爱,是教育永恒的主题。建校时,我们希望孩子得到的爱不是宠爱与溺爱,而是有智慧地去爱。《说文》中曾言"慧,儇也。"其有精明之意,慧是智慧的体现,也是聪明的象征。它是智商与情商的结合,是智慧、科技和人文的统一。因此,启迪学生的智慧,让孩子拥有一个充满爱的美好童年成为我们办学初期的梦想。

作为一所新建校,国城小学在家长的质疑声中成立,开学之初更有家长带领孩子用极端的方式抵触入学。我们认为这并不是"爱的智慧",鉴于此,学校确定了"慧爱"文化发展方向,为学校名称赋予了"国之风,雅之城"的新内涵,并由此提出"风雅国城,慧爱童年"的新办学理念,确立了"国风、雅城、慧爱园"的办学目标,并围绕着文之风、德之雅,慧之风、思之雅,美之风、健之雅的六大核心素养,从人文与品德、数学与科技、体育与审美三大课程领域入手,构建了"风雅"课程体系,努力培养"学识卓雅、品行高雅、举止优雅"的慧爱少年。

二、"爱"着眼于课程再造的甘霖滋养

课程是学校教学之根本,是学校教育的核心载体。我校新市民子女占 70%,孩子们来自不同地区,有着不同的文化习惯,就像学校的银杏叶,各具特色。"风雅课程"体系便以此作为课程结构图,代表着中国风,有着一生二、二生三、三生万物的寓意。银杏树枝繁叶茂,每一片叶子都各具其美,富有特点,正如我们的学生常怀慧爱、个性多样。银杏树就像国城师生,扎根于"爱"的沃土,在阳光下茁壮成长,展现着城阳区"阳光教育的宗旨"。

"风雅"课程体系以全方位的"爱"为分支将课程勾勒为"六雅",即学雅、卓雅、趣雅、精雅、博雅、润雅课程,多样化的课程涵盖每一个孩子的发展方向,用爱描绘孩子们的成长。学雅课程是基础,规范化的国家课程得以落实是一切教育教学的前提和保障;卓雅课程根据学生特点、学校资源设立,不同年级的特色项目使每个孩子都有学习的机会,无论是口风琴的艺术熏陶,还是乒乓球的体育锻炼,国城宝贝都可以拥有一技傍身;趣雅课程,以"走班选课"形式开设,涵盖艺术、体育、科技多个种类,简笔画、葫芦丝、轮滑、烘焙等多彩多样的社团选择满足每一个学生兴趣发展的需求,为孩子们提供全方位学习的平台;精雅课程则是在"走班选课"的基础上,更深层次的发展学生特长和兴趣,我校管乐团、舞蹈团等精雅社团在全国、省、区、市等多项比赛中获奖而归;博雅课程以生活即课程为原则,借助传统节日开展主题活动,通过开拓校内劳动实践基地,"两园、三场、一馆"为孩子们提供多样的校园劳动教育基地;风味国城,"每日一菜"让每个孩子成为小主播,多种实践课程让学生在活动中体验乐趣,获得成长;润雅课程润物无声,体现了学校一事一物皆教育、时时处处节课程的教育理念。"国"字石诉说家国情怀,汇海长廊领略海洋的秘密,华夏厅带我们走向祖国各地,军事长廊见证了中国的展翅翱翔。内强素质,外塑形象,学校逐步形成"德育入心、成德于行"的德育工作特色。

三、"爱"着力于教师发展的思想启迪

"爱"不仅充盈在校园文化与课程建设的梯度,还蕴藏在每位国城教师成长发展的始终。学校建校时间短,教师平均年龄28周岁,为此我们投入大量资金为青年教师提供"走出去"的机会,学校每年都有大量的青年教师赴全国各地参加培训,南昌、南京、乐陵、深圳、成都等地区布满教师们求索的脚印,作为"百班千人实验校""首批新样态示范学校",学校更是承办多次国家、省、市、区级大型活动,为教师提供展示的舞台。同时,学校安排骨干教师走进共同体学校进行学习交流,依托名班主任、名师工作室,开展教研工作,实行"青蓝"师徒结对工程共同成长,我们用"爱"最大限度地拓展年轻教师学习的空间,让学校的每一份付出都能根植在每位教师的心间,让爱在求知路上与每位教师相伴。

四、"爱"力图于家校共育的心心相印

一点一滴汇聚成了爱,一丝一毫的爱编织成了家与校。从建校至今已有5年,从一开始的"摸着石头过河"到如今家校"1231模式"的成熟，在全体国城人的共同努力下，我校逐渐开创出一条具有国城特色的家校发展之路，并于2019年8月正式确定为全国家长学校建设实验学校。

学校为家长们设置家长驻校办公室，家长们自愿走进课堂听课、察看餐厅、参与学校管理、体验学校生活。家长们还自发成立国城"润爱驿站"组织机构，自愿为学生服务，上学时路口拐弯处家长执勤；餐厅里他们手把手地教孩子们分饭，维持秩序，他们是学校工作的支持者、参与者，更是教育者，他们用智慧的爱影响着身边的每一个人。自建校以来，我校每年有近6000余人走进学校参与活动，有近2000人担任护导、阳光志愿者服务。爱的阳光，照耀着国城，照耀着国城宝贝们。

每年的千名教师访万家活动，是家与校进行心之互动的最好途径。一个月的时间里，敞开心胸的面对面交流拉近了家校的距离。学校专门创建"慧爱"爸妈成长营，邀请学校领导、教师和家长一起探讨孩子成长的方方面面；成立"校长会客厅"，在愉悦的氛围中与家长聊聊孩子的成长；开展"家长大讲堂"，让家长们参与学校课程，为提升学生素养开通新渠道，充分彰显学校课程特色文化……家校共育让家长们自我蓄能，不断探索，不仅获得自身的成长，也拉近了家长与孩子心的距离。

爱，是看不见的语言，爱无处不在；在国城小学，爱的力量得到了传递与分享；在风雅中成长，在慧爱中成就，我们国城小学正迈着坚定的步伐，朝着阳光，扬帆起航！诚邀每一位朋友走进城阳区国城小学，一起感受慧爱文化，体会国风、雅城、慧爱园的风采！

区国城小学校长郝玉芹参加2020年全国中小学特色学校发展高峰论坛

郝玉芹在全国劳动教育发展论坛（青岛）暨青岛市劳动教育现场会中作主题发言

慧爱描摹风景　劳动启智润德

习近平总书记在《关于全面加强新时代大中小学劳动教育的意见》中强调："要在学生中弘扬劳动精神，教育引导学生崇尚劳动、尊重劳动，懂得劳动最光荣、劳动最崇高、劳动最伟大、劳动最美丽的道理，长大后能够辛勤劳动、诚实劳动、创造性劳动。"劳动教育是德育的重要组成部分，而反观当今社会，学生中普遍存在四体不勤、五谷不分、不爱劳动、不会劳动的现象，劳动所具有的特殊育人作用没有得到足够重视，劳动教育在家庭生活、学校生活、社会生活中被弱化、忽视。

学生的劳动情感、劳动习惯、劳动能力不是与生俱来的，需要借助后天教育力量逐渐养成。劳动素养的培养是家庭、学校、社会共同的责任，学校对学生劳动观念的树立、劳动习惯的养成、劳动技能的提高、实践与创新能力的培养发挥着重要且深远的作用。城阳区国城小学意识到德育要从学生成长发展和生活实际出发，从封闭的教科书扩展到学生熟悉的日常生活，选取学生感兴趣且有意义的劳动项目，引导学生在劳动学习与实践中慢慢成长，并逐渐形成了学校独特的劳动教育方式。

一、课程上保障，立劳动教育之根本

（一）国家课程是方向

2018年全国教育大会上，习近平总书记指出要培养德智体美劳全面发展的社会主义建设者和接班人，这与学校重视劳动教育的教学方向不谋而合。现阶段，我们每周开设1节劳动教育课，孩子们在课堂上与老师共同学习劳动思想与实践技能；同时，作为全国教育科学"十三五"规划教育部重点课题《基于协同学习的小学生主题式跨学科课程整合研究》的子课题单位，学校以尊重兴趣、基于经验、联系生活、多元选择、着眼发展为理念，开启了以"我爱劳动"为主题跨学科课程整合的实践与探索。

劳动教育是立足于人的全面自由发展的教育形态。我们从各学科教学目标入手，变单一学科教师集备为各学科教师共同备课，将视、听、嗅、味、触等多种感觉融入各学科教学设计中。教师积极调动思维，认真研读教材，巧妙地将多学科知识尤其是劳动教育融入自己的课堂。例如，在语文课上，带着孩子们一起交流分享有关"劳动"的诗句，一起品味古诗词，在诵读之时感受劳动的美好；在数学课上，让同学们以小组研究的植物生长为学习情境，研究植物的发芽期、生长期和花期的关系，了解所研究植物的花期特性；在英语课上，和孩子们一起用英语认识各个国家有关劳动的单词、谚语、名句，学生通过英语口语向大家介绍不同国家关于劳动的特色；在科学课上，引导孩子们从科学的角度了解植物、认识植物，给植物分类，学习研究生物的基本分类方法；在美术课上，通过和孩子们一起动手制作陶艺，探究植物的外形；在音乐课上，同学们通过学唱《劳动最光荣》，建立热爱劳动的乐观态度，课程无不渗透着劳动教育的思想，形成学科教育合力。

（二）卓雅、趣雅课程添光亮

城阳区国城小学建校于 2015 年，一直秉承"国之风，雅之城"的内涵，围绕"文之风、德之雅""慧之风、思之雅""美之风、健之雅"六大核心素养，从人文与品德、数学与科技、体育与审美三大课程领域入手，构建"风雅"课程体系，努力培养"学识卓雅、品行高雅、举止优雅"的慧爱少年。

劳动教育可以让同学们获得积极的劳动体验，促进手脑结合，正确的劳动思想与良好的劳动习惯则可以使他们学会互助、友爱与协作，我们依托"风雅"课程体系，赋予了劳动在校本课程上的精彩意义。

"趣雅"课程中扎染和十字绣是孩子们特别喜爱的课程，我们将课程目标设定为了解扎染和刺绣的起源、作用、原理，让孩子们通过创作作品了解古时手工艺者劳动的细致与辛劳，培养学生的细心、耐心，增强孩子们的审美意识、环保意识和团结合作精神。每到周五下午，卓雅课程的陶艺室前总是早早地聚满了孩子，孩子们从揉制到烧陶，所有的步骤在教师的指导下一步步完成，选模时的纠结与兴奋，揉捏时的细致与耐心，烧陶时的喜悦与期望，都展现出他们对陶艺课程的喜爱。

对于学校而言，劳动课程的德育功能不可或缺，它是传授德育理念的有效途径，劳动课程承载着培育伟大和聪明的社会主义事业建设者的基础性作用，可以在有效的时间内普及理论知识，促进实践劳动的升华。

二、两种资源，聚劳动教育之精华

（一）开发校内教育资源，打造劳动实践体验乐园

当下城市越大，农田越远，劳作的机会越来越少，学生与农耕、劳作渐行渐远。但国城小学因特殊的地理位置让学生与劳动教育结下了不解之缘。依托校园自身独

到的地理位置和自然环境，开辟校内劳动实践基地，从刚建校时方寸之间的"阳光农场"，发展到今天的"开心农场""雅爱农场""微耕园""润爱园"、种子博物馆和生态长廊，"两园、三场、一馆、一廊"的校园劳动基地建设已经初见成效。劳动之初，由于学生从未参加过类似的活动，显得格外兴奋，带着兴趣劳动干劲十足，但分工不明确，没有规则意识，导致学生缺乏责任感，因此我们意识到制定规则的重要性，此后劳动基地实行"班级分区包干制"，由学生们负责种植与管理，每个班级都采取"我的田地我做主"中的"六自"原则，实施劳动教育，即：学生自己思、自己种、自己收、自己管、自己查（资料）、自己评。我们着重引导学生种前做好准备，种时体验快乐，种后做好观察与管理，用文字及绘画形式记录植物的成长过程，在教师的帮助下，学生由开始的不擅长，到逐渐学会了长期观察、细致观察、连续观察的方法与技巧，经过一次次尝试、改进，逐渐形成了自己的学习体验模式。

在学生的辛勤劳作及悉心照料下，学校先后收获过小麦、茼蒿、菠菜、油菜、西红柿、秋葵、丝瓜、南瓜、黄瓜等作物。而学生们的最爱当属"微耕园""润爱园"中的苹果和柿子。学生们在党员教师的带领下对果树进行修剪、施肥，收获果实，在烘焙课上制作甜点，形成种植—管理—采摘—加工制作的模式，保障劳动教育过程的完整性。

今年，国城小学送走了第一批毕业生，也迎来了他们亲手播撒下的"种子博物馆"，博物馆中展览着300多种不同的植物种子，学校与青岛农业大学农学院结为党建共建单位，定期邀请农大的专家到校讲解种子及种植的相关知识，使劳动教育与思想教育相结合。在耳濡目染中，学生们对农作物的种植、培养、收获产生了浓厚兴趣，课下自觉学习农业知识，也认识到种子从萌发到收获，不仅包含劳动人民的辛劳与汗水，还饱含着一粒种子的伟大理想——它想要成长、追逐，想要让自己的生命变得有价值、有意义，就要努力向上，就要勇敢坚强。

从种子的选取到种植再到收获，学生真正体会到了"谁知盘中餐，粒粒皆辛苦"的深刻含义。只有体会到每一粒种子从播种到收获的来之不易，感受通过坚持与爱心换取收获的满足和幸福，才是我们德育要达到的真正效果，而这些都是书本上的几行文字表达不出来的。因此，孩子们更加懂得珍惜，餐桌上的"光盘"自然而然转化为孩子们的行动，而不仅仅是一句口号。

（二）开拓校外教育资源，培养国城"慧爱"少年

校外是一个广阔的劳动舞台，在真实的劳动场景中，劳动教育才能真正发挥其应有的效力。党员教师和少先队员多次登上毛公山、走进社区捡拾垃圾、清理卫生及杂草；学生们走进社区为居民宣讲垃圾分类、文明交通等相关知识；家委会成员

带领学生参观与学校临近的食品厂，让孩子们了解到一块饼干、一颗糖果的生产从原材料加工到装袋上架，需要成百上千劳动者的努力，在孩子们心中树立尊重劳动者、学会节约的思想观念。校内、校外资源的融合，让学校劳动教育有了强大的发展动力。

三、三种体系，汇劳动教育之精彩

（一）学校劳动体系，浸润劳动思想

我们认为，劳动要融入校园生活的细微之中，要组织学生参与力所能及的劳动。让学生们在琐碎的事务中体会班级管理的不易，在劳动中学会"我为人人，人人为我"的服务意识。例如，班主任指导学生们扫地、擦地、排桌椅；在午餐时间，餐厅帮厨小能手帮忙摆放餐盘；植树节师生共种树，端午节学生互编五彩绳，中秋节学生动手做月饼等，这些劳动让学生们认识到自己的价值，了解中华传统文化，更学会了责任与担当。

（二）丰富家庭劳动体系，养成劳动习惯

国城小学微信公众号开设"风味国城，每日一菜"专栏，至今为止已累计推出100余期。

在疫情防控期间，学生们居家学习，有大量自由支配的时间，学校以此为契机，鼓励学生们亲自下厨，做美味食物，并拍照在班级群里交流分享。为了让学生可以更加大方地展示自己，学校鼓励每一位学生争做美食小主播，以视频的形式记录烹饪食物的过程，定期由学校公众号推送，为学生们提供一个展示自我的平台。

实践劳动有课本知识无法代替的育人价值，烹饪的过程不仅锻炼了学生的动手能力，增强了学生的劳动意识，同时锻炼了学生灵活应变及统筹规划的能力，每一道菜品的完美呈现都离不开学生一次次地学习和尝试，看似简单也需要开动脑筋、多方协调。一道简单的菜品，因为学生亲手烹饪被赋予了非凡的意义，或是出于身为家庭小主人的责任心，或是对父母的一片孝心，抑或是对技能提升的一种挑战，都激励着他们把这件事做好。

通过观察，教师们发现，视频制作的过程中，平时不爱表达或不善于表达的学生，在家长和老师的指导与鼓励下，语言表达能力和镜头感有了很大的提高，增强了他们的自信心，让他们更加敢于尝试和表现。同时，通过这项活动，学生们懂得任何一项引以为傲的技能都不可能单纯依靠书本知识达成，更不是一朝一夕的事，需要长时间的努力和实践积累。

（三）利用慧爱评价体系，激发劳动热情

为强化劳动习惯，学校将劳动融入慧爱评价体系中。定期开展各项劳动技能大

赛，评选劳动小达人、"小手拉大手，垃圾分类我先行"每日打卡者、每个级部劳动清单全部落实者以及种植小能手等奖励相应的成长币和智慧卡，将劳动成果纳入到"十个一"评价记录手册，形成客观、公正、全面的评价体系，帮助学生树立"劳动最光荣"的价值观。

　　"劳动是人类的本质活动。"在一系列活动中，我们看到了孩子们的成长，也感动于他们对劳动、生活的热爱。下一步，学校将以"创新"为新的定位，与城阳区职业教育中心合作，搭建缝纫特色女工坊、木工坊、机械坊等，让学生们经历劳动过程，体会劳作的辛苦与收获的喜悦，学会理解并尊重普通劳动者，进而在生活中养成勤俭节约、创新奉献的劳动精神，在劳动中磨炼意志，在劳动中锻炼能力，为培养德智体美劳全面发展的社会主义建设者和接班人而努力。

郝玉芹校长在全国劳动教育发展论坛（青岛）暨青岛市劳动教育现场会发言

郝玉芹在青岛市"思维·表达"统编教材研讨现场会中作主旨发言

以"语"诉慧爱，以"文"书风雅

青岛市城阳区国城小学成立于2015年，是由区委区政府按照省级规范化标准投资两亿元建成的现代化区直属小学，作为百班千人实验校，国城小学先后承办全国主题阅读活动、百班千人第27期高级班线上共读活动。"风雅国城，慧爱少年"，国城小学坚持以"文之风、德之雅，慧之风、思之雅，美之风、健之雅"六大核心要素，努力培养学识卓雅、品性高雅、举止优雅的慧爱少年。

新课标有言：语文教学应积极开发课程资源，创造性使用教材，灵活地运用教学策略，让学生在读写中成长。国城小学自建校以来紧紧围绕"风雅"课程体系，深化语文课程的校本实施，在阅读教学与写作实践中挖掘读写结合的切入点，以课程为基础、活动为载体，读写联动，提高学生的语文素养。

一、立足语文课堂，掌握阅读新方法

（一）以国家课程为根本，促进语文阅读课程整合

语文课堂是教师进行阅读教学的主阵地，课内阅读是学生进行实践学习的主要路径。学校以国家课程为根本，以"基础掌握、技能培养、思想浸润、习惯养成"为目标，通过单元导读课、整体识字课、以文代文课、读写联动课、自主阅读课、基础训练课以及分享展示课等多种课型打造语文主题整合课堂，彰显特色，使课堂改变教师读、学生听和教师讲、学生记的固板形式，极大地刺激了学生的主观能动性。

（二）以蕴德课堂为阵地，实现语文育德紧密结合

打造多彩蕴德课堂，将语文阅读同蕴德教育紧密结合，做到教之以文、育之以思、养之以人，实现"法""思"统一。学会阅读，不仅是阅读文字、学习方法，最重要的是要实现思想的浸润。涉及家国情怀、为人处世等方面的阅读内容，一节出色的红色阅读课往往应运而生。学校充分利用"晨读""暮省"等课下时间，语文教师引导孩子们朝读经典、暮省自身，不仅能让孩子们从生活中积累写作素材，拓展思维，而且真正做到"得法于课堂，得益乃至成长于课外"。

（三）以名师工作室为依托，实现教学方法快速引领

依托名师工作室创新阅读教学方法，"识读悟写"四字优秀教学法在全校范围内推广使用。"识读悟写"是落实"怎样教"的四个策略。"识"是指"识字"，主要偏重于随文识字。"读"就是语文课的根本，一节有滋有味的语文课必须有读的实践和读的时间，而且随着学生理解的深入，更要有不同层次的阅读体验，包括"学文之初了解内容的初读，理解文本的精读，感悟表达的品读，体会情感的美读以及拓展延伸的海读"。"悟"就是感悟、体悟，它与读紧密结合，悟的对象是"悟情（情感）、悟理（事理）、悟法（写法）"。而"写"就是表达，它顺承悟法而来，是悟法的学以致用。以优秀教学法推动语文阅读教学更好发展。

4. 以多形式教研为途径，加快青年教师成长速度

以教研为手段，实现自备、集备相结合，每周四放学后语文团队针对教材把握、目标设定、设计过程、课堂生成、教学反思等多个环节深入探索。教研后立即进行模拟讲课，教师随机点评，教师始终对教学保持刺激感和新鲜感。除了自学，学校经常邀请专家学者到我校对教师进行专门培训，学校教师的脚步遍及鄂尔多斯、成都、南昌、厦门等地，青年教师多次登上全国阅读教学的舞台，迅速成长，引领方向。

二、依托多彩活动，拓展阅读新天地

（一）打造良好阅读条件，营造浓厚读书氛围

"蹉跎莫遣韶关老，人生唯有读书好。"真正的阅读没有边界，国城小学"推倒图书馆，建立微型书屋"，在校园内、教学楼走廊设立多个微型书屋和电子阅读区。"汇爱融情"文化墙，用无声的文字遇见有声的倾诉；在"爱相映"亲子共读区搭建亲子沟通的平台；在"慧生绘色"智慧馆的书本故事中认识大千世界……同时，学校多次邀请儿童文学作家张吉宙、著名作家张嘉骅等名家做客"风雅书苑"，名家题字的"山海经书屋""野天鹅书屋""青草湾书屋"中各有图书5000本左右，以满足不同年级的阅读要求和不同学生的阅读爱好等需求。学校的墙壁上、教室的黑板上贴满了孩子们的读书小报，校园广播站里定时响起名家小故事，国城小学的每一个角落都浸润着书香，散发着墨韵，润物无声。

（二）创编阅读校本课程，实现课程整合开发

为了使学生爱上阅读、爱上写作，学校特意购置了全国立言教育学生主题阅读用书，自编语文校本教材"七日阅读"。通过主题阅读课的构建，提高了学生系统阅读的理解能力和语文分析能力，为写作做好积累。依托"十四五"规划学科课程整合研究，以阅读为导向，引领学科发展，创新读书活动。例如，孩子们将自己最喜欢的课内外名篇拍成小视频参加学校的"你读我诵，声声传颂"阅读比赛，我校"青青草

悦读社""爱阅团""小银杏文学社"等语文社团随之建立。婉转悠扬的乐曲配上孩子们朗朗的读书声,让语文学习浸润心田。

（三）开设丰富读书活动,激发学生参与兴趣

丰富多彩的阅读活动是激发学生读书兴趣的好方式。学校百日阅读活动开展以来,通过线上线下相结合的方式开展读书沙龙、撰写读书笔记、发布读书语音、展示思维导图等,学生的每一次阅读积累都会装入自己的成长档案。"打铁还需自身硬"学生阅读量的增长需要教师吸收更多的养分。教师"每月共读一书"的良好习惯在国城小学一直延续下去,读书交流会中教师的分享让我们再次感受到文学的魅力。同时,在家长中招募"故事爸爸""故事妈妈",把家长请进课堂为孩子们讲故事。学校每周六为家长开放学校图书馆,为亲子共读提供条件,并且每月评选读书小达人和书香家庭,有利于促进亲子关系的和谐。

（四）传承古代经典文化,培育学生文学情怀

1. 吟诵先行

"传优雅之道,养君子之风。"城阳区国城小学作为山东省中华经典诵吟特色学校,创建吟诵先行团,成立实验班级,丰富的吟诵校本教材、先进的吟诵国学系统,每天的晨读、暮诵中的琅琅读书声丰富了学生的生活。学校邀请省特级教师韩立菊为吟诵先行团专家顾问,带领教师们进行吟诵专题课堂学习研讨,语文教师每周进行一次吟诵教研,吟诵骨干一月进行一次课堂展示,一学期开展一次名师引领课。在吟诵古典诗词的同时,各年级根据年龄特点确定吟诵主题,让学生采用吟诵的方法对《三字经》《诗经》《声律启蒙》、小古文等古诗词进行学习,达到声、情、义、理融会贯通。

2. 甲骨探秘

书甲骨,寻记忆,甲骨文化的芳香弥漫整个校园。作为青岛市甲骨文特色校园,国城小学打造"常规固化+特色创新"的甲骨文校园特色。学校邀请专家学者对教师进行专题培训,不定期开展"教师甲骨文三笔字"比赛。为了让甲骨文更好地走进校园,学校创建甲骨文教育基地,孩子们在甲骨文的海洋里尽情遨游。"甲骨文知识窗""汉字演变""姓氏的演变"等多个板块让校园文化建设融入甲骨文的元素。

甲骨文进课堂是建设特色学校的重要举措。在语文课上,将甲骨文引入识字教学中,既能激发学生的识字兴趣,又能追本溯源使学生了解中国文化的博大精深;在美术课上,学生用多彩颜料创作出精美的甲骨文宣传画和手抄报,盘子、纸杯都是孩子们进行创造的工具;在音乐课上,教师带领学生创编甲骨文舞蹈,用音乐感知文化

的魅力；在体育课上，别具风格的甲骨文操使学生充满兴趣，强身健体的同时又能深入学习甲骨文文化。泥土是大自然馈赠给孩子们的礼物，陶艺社团积极进行龟壳甲骨文和陶艺甲骨文创作；在剪纸社团中，十二生肖和百家姓的甲骨文作品布满教室。多彩的社团活动将甲骨文特色融入其中，展示了不一样的精彩。

同时，各年级开展"一枚春的书签"设计比赛，图画与文字融合，让学生感受甲骨文的魅力；通过"畅想诗情，扇面诗文"活动，学生在扇面上猜字识字，激发孩子识字的热情；学校发动家校共育，积极开展"甲骨文进我家"的活动，鼓励学生邀请家长参与"甲骨文学习单"的共同研究。学生在多彩的活动中接受传统文化的洗礼。

三、坚持读写联动，收获阅读新成果

阅读是写作的基础，写作是阅读的结果。写作是对学生语文知识运用能力的综合检验，也是学生语文核心素养的直接体现。除了教材规定的习作内容，随堂练笔、日记、周记、月记都是学生提高写作能力的好方法，每个孩子形成一本"整理册"涵盖专项随笔练习、好词佳句积累等多项内容，让学生养成"不动笔墨不读书"的好习惯，做到有阅读、有记录、有笔记。

抓住一切机会培养学生的习作能力。春景里的漫步，雪地里的玩耍，开学礼的兴奋，毕业礼的不舍，读书写字节的启动，拓宽了学生的写作渠道，为学生提供了写作的好素材。

通过多种形式评荐优秀习作，利用学校微信公众平台等途径展示学生的佳作

青岛市"思维·表达"统编教材研讨现场会

美文,在学生中开展"我心目中的习作之星"等互赏互评活动。鼓励学生以个体或小组为单位撰写阅读推荐语,最大限度地发挥学生的阅读自主性。为学生的自主阅读、个性写作创造条件,有利于"以写促读"目的的达成,提高孩子们的语文素养。双写共进,国城用"文"博之,以"字"约之,让孩子们更好地实现"文质彬彬,然后君子"。

阅读的发展是为了更好地造福学生,我们只有理解阅读,开拓守正、创新的具体表现形式及深刻意义,知其所以然,才能创造适合学校发展的模式,才能提升课堂质量,促进课程改革。国城小学深知其意,并正朝着美好的方向不断前进!

郝玉芹在青岛市"国家智慧教育示范区"创建现场会中作主题汇报

智慧教育"小"投入　撬动育人"大"成效

尊敬的各位领导：

大家上午好。青岛市城阳区国城小学于2015年建校，2019年7月正式挂牌青岛大学城阳附属小学。2022年国城小学与荟城小学成立国城教育集团，目前学校拥有91个教学班，师生近4800人，学校先后获得"科创筑梦，助力双减"全国试点单位、"人工智能促进未来教育发展研究实验学校""青岛市人工智能示范校""城阳区青少年科技教育先进单位"等近百项区级以上荣誉称号。

教育部部长怀进鹏在2023全国教育数字化现场推进会议中指出：大力推进国家教育数字化战略行动，加快建设教育强国。在城阳区教育和体育局"智满校园，慧达高远"人工智能总目标的引领下，城阳区国城小学建校之初便将科技作为发展特色，以数字赋能，着力打造智慧校园。

我想，大家和我一样，一提起人工智能，首先想到的是要投入重金，要引进一些高大上的设备，要掌握复杂的操作手段，而当人工智能真正渗入学校工作的每一个角落时，我们欣喜地发现，其实一台计算机、一个软件、一块黑板都能实现数字赋能教学，让教师从繁杂的教学压力中解放出来，让学生爱上课堂，真正实现助教、助学、助管、助研、助评多个方面的落地应用。今天，我以"智慧教育小投入，撬动育人大成效"为题，从四个方面进行交流。

一、以人工智能助推教学多样化

当人工智能走进课堂，智能化的设备和手段让教师从简单的、重复性的、繁重的教学工作中解放出来，借助数字化对学生进行个性化、差异化的教学，真正实现因材施教。

（一）拉开AI小屏幕，体验高效智慧课堂

AI听说课堂是依托普通教师交互大屏，覆盖语文、英语学科的听说教学，联系学情分析等场景，支持在教室开展听说互动练习，实时反馈，让每一个学生参与课堂的听说练习，提升学生的课堂参与感。检测形成的数据报告能清晰地反馈出题目的完成人数、得分率，甚至可以精确到每个学生的答案，极大提高了教师的工作效率和学生的学习兴趣。

（二）翻开智能小课桌，丰富智慧学习体验

刚刚大家观摩了我校教师用智能课桌展示的人工智能课，2021年，学校作为全区第一批试点单位引进智能课桌，它不仅可以用作普通的桌面进行听书读写，更是融合了数字音乐、数字书法、数字绘画、数字编程、仿真实验室等不同的课程，全屏触摸、自由翻转，极大地丰富了学生的学习体验。

（三）走进科技读书角，开启智能朗读时代

智能课堂精彩纷呈，课下读书活动亦是别出心裁。为了响应城阳区"推倒图书馆"的读书倡议，城阳区国城小学立足吟诵课堂，积极推进读书工程。除了传统的读书屋、图书角，学校建设阅读大厅，配备阅读亭、电子书柜、超星电子阅读系统等智能系统，随时为学生提供完美的阅读体验。

根据朗读亭的数据显示，学生可以直观地了解自己的阅读水平，并根据测算分数和相关建议做出改正；学校定期将优秀朗读作品进行平台推送。

电子书柜蕴含千余本书籍满足学生个性化的需求，学生带着手中现有的书籍到电子书柜以书易书，循环使用。在大数据中，我们可以清楚的了解哪种类型的书最受学生喜爱以及学生阅读水平之间的参差，以便于学校更好地选购读书，推进读书工程。

二、以人工智能助力管评一体化

（一）留下管理小头像，助推评价全面落地

课堂评价是考查学生学习情况、激励学生热情的不可或缺的手段，而"鸿合π6"交互教学软件中的班级优化大师是对学生进行评价的重要载体。屏幕中的头像代表着班级里的每一个孩子，下方红蓝两组数字是对学生加减分的呈现。教师围绕学校"六慧三爱"评价体系，在系统内增添表扬和待改进项目，有针对性地对学生进行评价，学生达到一定分数可以选择更换自己喜欢的头像、点亮头像的星星等，班主任定期根据个人得分进行排名，发放"风雅"成长币，集齐20枚可以换得"风雅"行动卡用以置换各种礼物，充分调动学生的兴趣。

良好的班级管理是形成优秀班集体的基础和保障，鸿合π6交互教学软件不仅创新评价方式，更在班级管理中发挥着巨大的作用。在一次全体教师会中，我们发现即使教师身处会场，对班级的情况也是了如指掌，这得益于"南山对讲"和"掌上视频"的独特功能，教师实现了与学生远程对话与线上互动，随时随地掌握班级情况，观察学生动态，提高了班级管理的质量。

三、以人工智能推动教研高效化

生成记录小量表，优化多元课堂诊断。对课堂把脉诊断以促进教师专业成长是提高教学质量的关键。传统的课堂评价更多依据的是听课教师的教学经验，缺乏一定的数据支撑。学校引进南京师范大学的"多元交互式"课堂观察平台观察量表，邀请朱雪梅等专家学者到校为教师进行全面培训。观察量表涉及学生倾听、学生回答、教师评价用语等10余个明细，听课教师只需在相应的明细后记录次数，系统随即生成数据图，听课教师根据"数字画像"撰写分析报告进行反馈，具有针对性的课堂诊断助力教师专业发展。

人工智能对课堂评价、教学模式、教师诊断具有重要意义，在不同学科的教学上也具有显著作用。在英语课上，学校引进"英语口语100智慧校园"，虚拟教师能说、能听、能看、能纠正、能评价，通过大数据分析和诊断报告，真正实施精准化教学。在体育教学中，学生佩戴儿童智能手环参与课堂，即时生成的课堂报告展示了学生心率运动曲线等各项数据，教师通过报告量化指标评价学生表现，为体育教学提供精准的数据支撑。在心理辅导中，心理健康自助仪，脑电反馈训练系统等智能设备为师生心理健康辅导提供了重要保障！

四、以人工智能实现活动趣味化

为丰富校园文化生活，学校把每年的11月设为科技月，每学期举行至少两次人工智能、科普知识宣传教育讲座，让全校师生在知识中成长、成才。3D打印使学

郝玉芹校长在全球智慧教育大会上作典型发言

生学会运用简易建模软件，实现设计梦想；无人机课程教会学生初步的编程方法，用代码赋能机器，创新思维；在二年级的课程中，学生通过模型设计搭建，初步掌握简单机械结构组装原理，培养空间想象力；在象棋社团里，与AI机器人下棋成为孩子们的一种特殊体验，丰富多彩的科技活动让智慧校园绽放光彩。学生连续多年在全国、省、市比赛中获得优异成绩。

风雅少年，慧爱童年。国城人不仅拥有智慧的爱，更懂得智慧的教与智慧的学。在当今智能化的浪潮里，学校定当紧跟时代发展的步伐，积极探索适合学校可持续发展的智慧校园建设之路，在"小小"的数字校园里挖出"大大"的智慧能源！

郝玉芹在"喜迎二十大，先锋耀岛城"主题党日暨"青岛市五星级基层党组织"报告会讲述教育人的故事

党员本色　党旗飘扬

尊敬的各位领导、同志们，大家好！我是城阳区国城小学党支部书记郝玉芹，疫情防控工作已扎实推进了3年，今年，我们与它狭路相逢！

一、危急时刻——支部立起来

3月14日凌晨，金日紫都小区一个学生信息流调电话让我睡意全无。4000多人的大校，万一出现疫情，我们能防得住吗？我敏锐地捕捉到了战斗的气息，迅速集结党员干部回归岗位，打响了这场没有硝烟的疫情防控阻击战。"马上上报该生班级信息！""立刻摸排同一时空人员数量！""马上下达静止通知！"一个又一个的紧急电话在凌晨3点不断响起，我和团队在深夜与时间赛跑。"既要下达静止通知，又要统计精准到门牌号的居住信息，现在是深夜，家长能接电话吗？"面对同志们的担忧，我感受到这项工作困难重重！但我深知作为党员不论遇到多少艰难险阻，都要勇往直前。党支部迅速制定通稿、划分网格，党员干部、教师家属一起上，国城团队坚守一线、冲锋在前的战斗堡垒精神在一个个困难的解决中展得淋漓尽致。6点47分，4479个电话在黎明前全部到位。48小时内，近4万次的家校联系，60余次的数据上报，659个家庭的集中隔离转运，1683个家庭的居家隔离管理，2000余个电话的回复解答，我们以组织的强大力量，创造了学校出现病例却零传染的奇迹，为城阳区控制疫情蔓延抢出了宝贵的时间！

二、关键时刻——党员站出来

还没来得及喘口气，集中隔离的学生家长就向我们抛出了一个又一个问题——"老师，什么时候能回家？""老师，孩子发烧了，没有药！"这个问题没解决，新的问题又来了！因为行政办公区所处位置与确诊班级在同一楼层，全体党员干部都被安置到酒店隔离，没有人手怎么办？困难摆在眼前，但办法总比困难多！因为我们知道，解决家长的小困难，便会创造社会的大稳定。我们迅速在33个隔离酒店成立33

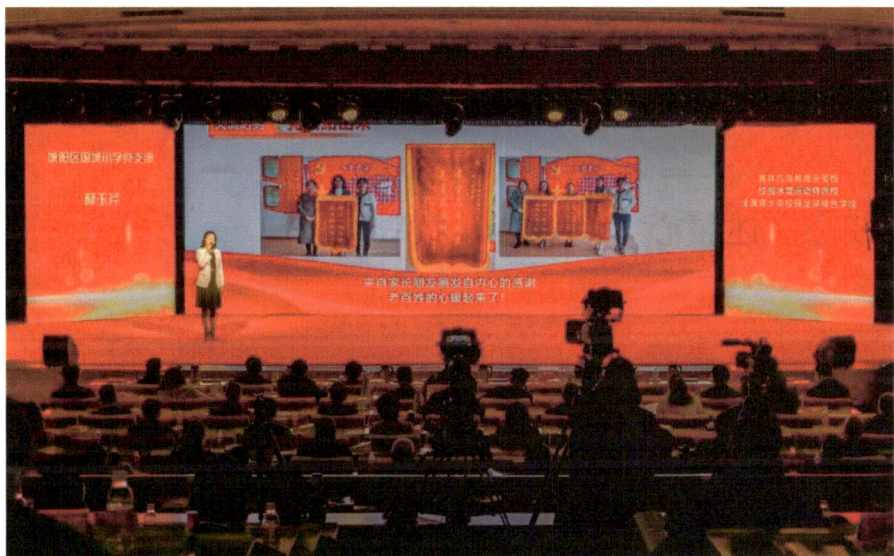
在青岛市主题党日活动中郝玉芹校长作精彩讲述

支"慧爱服务"党员突击队，党员贴心管家24小时点对点帮扶，对每个问题建立台账，积极沟通，逐个协调。区委、区政府连夜研究部署、顶格推进，各部门第一时间联动解决学校面临的困难及家长学生的诉求，社会各界的关怀也接踵而至。生活用品送达隔离酒店，确保了孩子们的健康；学习用品来到孩子们身边，充实了他们的学习生活；心理专家一对一的心理疏导让孩子们更加阳光……于是，我们看到了来自家长朋友圈发自内心的感谢，老百姓的心暖起来了。

平凡铸就伟大，英雄来自人民！今天我所讲的不是一个教师一所学校的故事，它是我们城市的故事，更是一群人的故事，在这个故事里，每一个人都是英雄！

郝玉芹在城阳区提升满意度专项会议上作典型发言

忆初心　述慧心　话担当　做教育

尊敬的各位领导,各位教育同仁:

大家好! 今年,城阳区全体教育人以"立足创新、提升内涵、创树品牌,全面提高教育教学质量,办人民满意的教育"为工作主线点,国城小学积极响应,深入家长,倾听声音,总结意见,提出措施,进一步搭建家校沟通的桥梁,助力学校快速发展。

一、探索——紧握初心

办好人民满意的教育是学校的服务宗旨,国城小学发展至今,从一开始家长抵制入校,到现在发展为拥有4200余名学生的区域大校,通过我们的努力,学校的各项成绩、风貌、知名度、家长满意度等工作一直在改变,唯一不变的是我们永恒的真心和坚持的信念。

(一)家校互通,搭建桥梁

正视家长亟待解决的问题是提升家长满意度的根本方法。为此,学校专门开设"家长驻校办公室",每周一、三、五家长驻校办公,"润爱驿站"的慧爱志愿者走上街头指挥交通,走进餐厅协助分餐,拉近家校距离。同时,学校定期邀请家长走进课堂授课,家长大讲堂应运而生。持续开展"万名教师访万家"活动,针对困难家庭,我们利用慧爱基金积极帮扶,在慰问关怀中提高家长幸福感。同时,学校采取"三个一"方案,即每月一次调查问卷、每月一次线上家长会、每月级部主任一次电话访问,将家长对学校的建议形成问题清单,逐项解决。

(二)家校互学,共促成长

学校为教师和家长搭建学习平台,专门开设"慧爱爸妈成长营",邀请知名专家到校讲授育儿经验。同时,国城小学在城阳区首创"校长会客厅"的家校沟通新形式,即使在疫情防控期间,通过名校长、名班主任进行线上会客,切实解决家长遇到的困难。

二、发现——坚定决心

我们以 2020 年下半年的满意度调查为例，国城小学通过线上线下相结合的方式，对家长满意度情况进行全方位的调查。开学初期，学校通过问卷的形式围绕教育教学、学校管理、食堂就餐等相关问题，对家长进行初步的社会调查。除此以外，学校专门印发《致家长的一封信》，让每位家长提出意见。学校组织全体教师致电家长，了解家长的需求和对学校的建议。在调查中我们发现，平均有 98.34% 的家长参与其中，大约 88.6% 的家长对学校整体工作满意，12% 的家长对学校整体工作基本满意，1% 的家长还存在不满意的情况。家长不满意的原因主要集中在学生用餐质量、教育教学质量几个方面。针对家长对学校发展提出的意见和建议，学校领导班子及时召开满意度意见反馈会议和全体教师会，研究问题，提出措施。

三、笃行——熔铸慧心

出现问题不可怕，我们一直以积极向上的态度解决问题，针对家长的反馈，我们也一直在反思新的做法，具体如下。

1. 精选午餐，食堂餐饮严格把关

关于午餐，学校成立膳食委员会，在力求营养均衡的基础上，要求班主任要关注到每一个孩子的就餐情况，尤其是那些体质较弱、胃口不佳的孩子，及时与家长沟通。"今天孩子光盘了哦""中午宝贝把不喜欢的茄子都吃光了，要记得表扬哦"，班主任的反馈对家长意义重大。同时，学校成立美食群，每周推出"国城食谱"，将学校午餐、学生就餐情况及时通过微信公众平台、班级群进行发布，做到让家长知晓和放心。

2. 搭建平台，提升教师整体水平

学校教师队伍年轻化，近 5 年，教师 130 余人，平均年龄 30 周岁。为提高教师的质量水平，学校坚持"走出去"与"引进来"相结合，依托全国百班千人实验校、国际人文交流实验学校等平台承办国家、省、区、市等各级教学活动，充分发挥名师工作室引领作用，通过"三名工程"，使年轻教师快速成长。例如，在班主任的成长中，我们以刘翠翠名班主任工作室为依托，双周开展一次培训业务，答疑解惑，提高班主任管理水平。几年前，我们曾出现孩子尿了裤子回家而我们却不知道的情况，为了避免此类事情的发生，我们一直坚持每日"温馨一分钟"，班主任询问学生有没有不开心的事，有没有遇到什么困难，及时与家长沟通，拉近家校距离。

3. 落实政策，提高教育教学质量

双减政策实施以来，通过"3325"教学模式，即课前温习 3 分钟，课上学习 32 分钟，课堂闯关 5 分钟的方式，提高教学质量。设置作业超市，根据学生不同水平进行作业分层，学生自主选择作业套餐，以满足不同学生的需要。创新校内托管方式，实行托管"5+1+1"模式，保证三年级至六年级学生的作业不出门。充分利用2课时，即巩固知识与特色学习相结合，将艺术学习、体育锻炼、好书阅读等项目的学习包含在内，为学生的学业生涯规划奠定基础。

同时，为落实"我为群众办实事"工作，今年学校特推出"党员贴心管家"服务项目。党员教师深入班级和家庭，收集问题，答疑解惑。截至目前，贴心管家共解决20余件道路、教学等方面的问题，真正成为师生家长的"贴心人"，全方位守护每个孩子的健康成长。

满意度工作是关乎城阳区教育工作的大事，我们也从未松懈，然而在现实中，我们还会遇到各种各样的问题，接收到不同的投诉，一连串的"家长问"也让我们应接不暇。"校长，为什么我们的合租车发车那么早？""校长，我们孩子的水杯又找不到了。""校长，中午饭孩子不爱吃怎么办？""校长，门前的路太堵了，怎么解决？"这些问题很小也很真实。在上一期的青岛市《行风在线》中，家长提出交通、托管、餐盒安全等民生问题，有的问题无法从根本上解决，但我们依然要尽最大努力去做。鹏照局长说过，我们要站在家长的角度想需求，以生为本，对于家长来说任何反馈都是大事。我们一直倡导办人民满意的教育，这项工作任重而道远，但是我们会一直坚持下去，在反思与改进中实现学校更快更好的发展。

郝玉芹在城阳区新教师培训会中作典型发言

建设强师高路　　启动慧爱快车

如果说选择是最优雅的成长，那么坚守就是最长情的告白。在城阳区国城小学这片育人的三角地上，心向阳光的教育者描绘着诗意的成长蓝图。他们用最炽热的爱，诠释着最有温度的教育，成就着最有温度的教育事业。

城阳区国城小学成立于 2015 年 6 月，在"阳光城阳"理念的引领下，学校秉承"风雅国城，慧爱童年"的办学理念，目前已经形成 86 个教学班、在校师生近 4500 人的较大规模。在这班平均年龄只有 31 周岁的教师列车上，国城小学切实发挥"火车头"的引领作用，以习近平总书记重要讲话精神为出发点、以学生全面发展为落脚点、以教师队伍专业建设为着力点，以实施常规管理＋动态管理两大路径为支撑点，以"135 阶段成果"为培养目标，着力打造"驿路慧爱"教师发展品牌，逐步形成学校特色的教师专业发展体系。

一、团队协力　共促成长

（一）中层建设，带动干部队伍见行见效

众卉向风雅，慧爱起国城，三层梯队，撷英集萃。国城小学实行以领导班子和中层团队为引领、以骨干教师为核心、以年轻教师为新锐的三层梯队建设。

学校中层干部团队 17 人，为提高团队管理水平，中层干部实行项目负责制，具体责任落实到人，做到时时有回应，事事有落实。每周定期召开中层干部工作会，各负责人进行总结汇报，制定工作计划，借鉴 PDCA 闭环式管理模式，针对出现的问题，追本溯源，及时整改，以高效行动增强团队凝聚力。

学校定期举行干部培训会，以"三名"工作室为引领，以北师大领航工程作平台，积极参加校长培训班等各项活动。北京师范大学教授朱志勇、周玉华、齐鲁名校长李升勇等专家多次到校实行定点式指导。建校 6 年，多名 90 后年轻干部成为管理团队的中坚力量。

（二）三个引领，促进教师队伍走深走实

"火车跑得快，全靠车头带。"学校紧紧围绕城阳区教育和体育局党组书记、局长赵伟同志"加快教师教育情怀工程建设，加大教师培训力度，深入研究以生为本的教育理念"重要讲话内容，确立"三个引领"培养目标。

1.课题引领，以研促教

作为青岛大学城阳附属学校，青大教授庞晖作为学校挂职副校长，带领教师走上"人人微课题"的新道路，学校确立"立足课堂—坚持反思—交流研讨—形成课题"的教科研模式，邀请美国教育学博士李惠文进行线上课题研究培训，青岛教科院翟广顺所长等专家多次到校指导课题工作。自建校以来，国城小学多项省、市、区级课题顺利结题，学校教师发表论文80余篇。

2.名师引领，辐射成长

为促进教师队伍全面发展，学校以"青蓝工程"为依托，切实做好以老带新师徒结对工作，以"三课"（新教师亮相课、青年教师交流课、骨干教师展示课）为学习途径，以全校性的青年教师大比武为评估方式，实行师徒捆绑式评价。做好"三名工程"引领工作，打造"名师课堂"，发挥山东省特级教师、齐鲁名师韩立菊辐射作用，通过开展微型讲座、专题报告、同课异构等活动，以骨干带青年，深入学习名师教学、名师管理、名师态度，在促进教师专业发展的同时，潜移默化地提高教师师德修养。自建校以来，学校教师开展区级以上优质课、公开课60余节，区以上教学能手、学科带头人30余人。

3.专家引领，把脉提质

学校聘请专家到校指导教学工作40余次，省、市两级教研员、教育专家及学者多次走进国城小学。学校先后承办城阳区新教师培训会、"三名工程"揭牌仪式等活动。学校组织外出培训的教师70余人次，每年用于教师培训的经费约40万，约占公用经费的10%，青年教师走向哈尔滨、重庆、鄂尔多斯等地交流学习，并走上全国舞台，与省名师同堂展示，教师专业能力快速提高。

二、动态施策，拾级而上

在国城小学，教师的成长有时是"槐荫绿换"的抽芽叶茂，偶尔是"薇花红遍"的姹紫嫣红，抑或是"秋叶飒飒"的物语人情……

教师发展有不同，教师培养也要因人而异。撰写专业发展规划是所有教师迈出的第一步，学校根据教师不同发展水平和方向，有差异地实行学科管理、集体培训、个人发展等动态组织形式，以师德与学术委员会为评价主体，以国城小池、国城小荷、国城小蓬三层划分培养目标，通过新教师实习期考察、全体教师年度考核等评价方式将课堂教学、班级管理、师德师风等内容列入考核成绩，促使教师完成从一潭静水到小荷才露最后到结子成果的跨越式发展，最终实现一年站稳讲台、三年成为区域骨干教师、五年力争区市名师的阶段性培养目标。

建设强师高路，启动慧爱快车。在教师发展的道路上，国城小学不断创新成长举措，开辟发展阵地，先后获得全国奥林匹克教育示范学校、全国校园冰雪运动示范学校、全国德育创新基地学校、青岛市五星级阳光校园、城阳区教师专业发展学校等百余项区级以上荣誉称号，教师有所得，学生有所获，"慧爱"的列车正飞奔而来，满载而去。

学校"慧爱"先锋党建品牌作为 2023 年城阳区教育系统十佳党建品牌进行表彰

党徽熠熠　风雅致行

　　青岛市城阳区国城小学于 2016 年 12 月正式成立党支部，秉承"风雅国城，慧爱童年"的办学理念，创建"慧爱先锋"党建品牌。党支部以"党建+"（党建+管理、师德、教学、德育、志愿服务）系列活动为抓手，以搭建教育基地为平台、以抓好思想修养为基础、以做好贴心服务为目标，着力打造一支推动发展、服务教学、凝聚人心的党支部队伍，使"慧爱先锋"党建品牌建设焕发新活力。党支部先后荣获青岛市五星级基层党组织、城阳区阳光党支部、区教育系统先进党支部等多项荣誉称号。

　　一、抓好思想修养，搭好擂台子

　　习近平总书记指出："中国共产党人依靠学习走到今天，也必然依靠学习走向未来。"学校党支部结合实际情况，循序渐进制定党员学习方案，引导党员干部乃至全体教师争着学、比着学，树立终身学习、终身成长的理念。

　　学校不断加强和改进党的思想、组织、作风和制度建设。学校党组织分工明确，班子团结，在学校发展过程中充分发挥自身的领导核心作用，在"一个党员一面旗帜"的引领下，依托"不忘初心，牢记使命"主题教育，不断加强学校慧爱先锋品牌建设，学期初，组织党员教师在学期初立下本学期党员清单，并结合清单努力完成任务，落实签到点名并录入山东 e 支部平台中，认真做好会议记录，党员按规定参加党的组织活动。党员活动日，知史明志——党史学习微党课、慧爱党员先锋课、党员演讲比赛、党史征文大赛、优秀党员事迹报告会等活动丰富党员学习方式。同时，支部内继续组织"生活阳光，做学生生命中的贵人——关爱贫困少年儿童"活动，慧爱先锋党员志愿者发挥模范作用，走红色路线，锤炼党性。

　　党支部为深化党内生活，组织党员上好"三会一课"，带领广大党员学习习近平总书记重要讲话精神；召开民主生活会，组织党员观看教育警示片、党史宣传片，撰写心得体会，结合党史组织微党课宣讲比赛，提高党员教师"知史爱国，知史爱党"

的意识，并进行党章党史知识答卷等教育活动。坚持专项整治自查自纠活动，将党风廉政建设和行风建设结合起来，营造风清气正的良好学校发展环境，打造一支廉洁自律、务实创新、团结协作的干部队伍。

为提高党员整体素养，党支部率先实施"党员教师素质提升工程"，以"513工作计划"为发展目标，以"党员清单"为实施路径，引领党员干部努力做到"三争当五带头"（争当教学能手，争当管理行家，争当师德标兵；党员带头学理论，带头搞教研，带头创业绩，带头比奉献，带头守纪律，带头比清廉），不断提高影响力和带动力。为加速提升入党积极分子学习能力，支部内成立"模拟党支部"，通过建立"3113"（众—人—人—众）学习模式，即党支部总体把握理论学习方向，党员自主进行理论学习，党员个别讲授汇报学习心得，支部集体讨论检验学习效果的双向互动式学习，让入党积极分子提前体验党组织生活氛围，提高党性修养。紧抓群众教师思想不放松，学校党支部成立青年教师政治研习班，通过组织教师学习党的理论政策、举行红色主题比赛等形式不断提高教师思想修养，争取早日入党。

二、搭建教育基地，立好台柱子

党在基层的阵地是凝聚党心民心的地方。学校党支部积极打造"一园一馆两廊三厅"党史学习教育基地，党员教师带头学党史讲党史，通过党史微党课、演讲比赛等形成良好的学习氛围，青岛市委党史学习教育小组对学校党史学习给予认可。

2022年，城阳区教育系统廉洁文化教育基地在国城小学正式投入使用，作为全区唯一的廉洁文化教育基地，城阳区教育和体育局以国城小学为依托，全力打造清廉校园，使廉洁文化进课堂、进家庭，把清廉"因子"渗透到校园文化和道德教育全过程。为充分发挥党建引领作用，学校积极建设党建阵地。以打造清廉党建阵地为抓手，厚植清风正气。党大厅以"红色党建"为基调，紧贴"清风廉韵，德润人心"清廉教育，以"党在我心中，永远跟党走"为主题，在有制度、有场所、有设施、有标志、有党旗、有心得、有文化的基础上，新设了学习文化墙、社会主义核心价值观长廊、廉洁文化墙，打造了党员先锋墙、党史学习教育墙，教育广大师生忆党史、知党恩，进一步加强了党建阵地的战斗堡垒作用，努力构建清廉从业纵到底、横到底、全覆盖的工作格局，以党建促党风，以党风引清风。

三、做好贴心服务，走好新路子

城阳区国城小学创新为人民服务的方式，推出"贴心管家服务队"，一点一滴汇聚成了爱，一丝一毫的爱编织成了家与校。一切为了孩子，我们从党员出发，用爱心与责任规划着家与校之间的桥梁。至今，已有45名党员教师深入班级内部，了解特殊家庭以及教师们的诉求，汇总解决80余件存在的问题。针对合租车接送问题，在接收到家长反映后，贴心管家服务队紧急召开会议，在党支部书记郝玉芹的带领下，走到周边社区进行情况了解，并结合校车公司实际情况解决了千余名学生的上学、放学问题。针对教师家庭情况，有了贴心管家的入住，当班主任、任课教师出现生活方面问题的时候可以第一时间察觉，并且做好倾听者的角色，引导教师适当宣泄情绪，并有效地帮助他们进行心理疏导。

　　除此之外，学校通过打造"一园一馆一基地，两廊三厅"红色教育基地，营造党风廉政学习氛围，掀起全校掀起党史学习教育、党风廉政教育的热潮，以文化氛围潜移默化影响全校师生。学校党支部成立贴心管家服务队，深入班级，倾听家长声音；少先队成立先锋中队，将清廉楷模作为先锋中队名称，中队内成立宣讲团全校宣讲楷模事迹。同时，学校通过校长会客厅，鼓励广大教职工互相监督，提出问题，进行解决，切实将清廉工作落到实处。

学校德育工作入选青岛市优秀德育案例

培根固本铸魂　打造五彩德育

　　德育建设与实施是学校综合办学水平的重要体现，是学校可持续发展的动力，也是学校个性魅力与办学特色的体现，更是学校培养适应时代要求的高素质人才的内在需要。为了进一步优化思想环境，切实落实区教育体育局的各项工作任务，强化我校德育管理水平，营造良好的育人氛围，提升学校的办学品位，城阳区国城小学以学校德育建设六大育人途径为工作导向，以"慧爱"文化理念为基础，以努力培养"学识卓雅、品行高雅、举止优雅"的学子为目标，努力创设以"精彩融汇，携爱共进"主要特征的德育文化，营造"静思灵动，知行合一"的教育教学、德育发展氛围，积极构建目标明确、个性化的德育精神文化，逐步完善科学化、规范化、人文化的学校德育物质文化，让教师拥有"慧爱"的教育人生，学生拥有"风雅"的欢乐童年。

　　一、培根——德育课程由"融合"转向"适合"

　　城阳区国城小学根植优秀传统文化，开发"慧爱"文化德育课程，丰富现代教育内涵，实现初等教育传统的回归与超越。努力发挥课堂教学的主渠道作用，将中小学德育内容融入渗透到教育教学全过程，让立德树人校本化落地落实。

　　（一）传统文化课程

　　继承、弘扬和挖掘传统文化中蕴含的人文精神、道德规范、家风家训等时代价值，以文化人，进而在滋养中认识、感知，激发潜能和智慧。用优秀传统文化涵养风雅少年成长，帮助学生扣好人生的第一粒扣子。学校将思政课堂拓展为"品德实践课"，安排学生到美丽乡村大课堂中上，一个月集中开展一次，通过红色思政课、品德实践课，把课内与课外、理论与实践结合起来，学生乐学，教师乐教，我们也从中找到德育教育的创新途径。

　　（二）心理健康课程

　　学校遵循"后疫情"时代德育教育规律，尊重学生独一无二的生命成长方式，开展认识自我、学会学习、主动发展等教育,引导学生阳光开朗健康地面对生活和挑战。学校开展全员关注与重点帮扶有效结合,形成了"家校共蕴爱""仪式引领——厚实开学第一课"的心理健康教育特色。

（三）法治教育课程

立足学校实际,根植慧爱文化,扎实上好道德与法治课,深挖学科蕴含的法治教育内涵。创新组织法治教育月主题活动,认真开展"模拟法庭"系列教育活动。广泛开展警校共建活动,开设法治知识专题讲座和模拟法庭等实践活动,加强法治教育固化宣传,推进校园法治文化建设。

二、固本——文化渗透由"物质"转向"意识"

学校依据"求精求实"的德育管理模式,对校园文化建设进行系统规划,大力实施校园德育文化建设工程。发挥宣传栏、展示厅及公众号等教育功能,建好"一微一站""校园景观"等德育建设、宣传设施和阵地,全面推进文化育人。

步入校园,浸润着学校德育特色的环境文化就已经显现。学校按照统一与个性化相结合的原则对德育文化景观进行设计、装饰,发挥师生集体智慧和教师专长,将师生外出旅行所带回的纪念品进行展览,将展览台命名为"华夏厅";将学校第一届毕业生所收集的种子进行展示,命名为"种子博物馆",让节约之心与种子成长的意义凝聚在每个国城人的心中;创新"海洋教育""军事教育""爱国教育"形式,建设"汇海长廊""军事博物馆",推进内部文化环境进一步充盈;10多个微型图书馆遍布校园,"青草湾书屋""山海经书屋"等读书角、读书走廊引领孩子们爱上阅读、爱上写作……学校每一室包括餐厅都设计特色的花草、挂图、标语、刊板,让每一处墙壁、每一个角落、每一个标语都能在潜移默化中发挥思想道德教育作用。

三、共生——纷呈活动由"统一"转向"自主"

思想道德建设的最终落脚点是师生的行为,我校将坚持以活动为载体,着力打造文明和谐、积极向上的德育文化。建校至今,学校德育活动开展无数,其形式也由学校"统一"转向师生"自主",逐步过渡。

（一）红色精神,引领德育方向

理想会有反复,但是信仰坚定不移,学校组织全体党员教师走进课堂,在全校掀起"红色文化进课堂"活动热潮;充分发挥学校主阵地、课堂主渠道、教师主力军的作用,全面提高孩子们的思想素质,形成了富有特色的思想政治教育模式。同时,学校深入开展中华传统美德教育,利用好具有教育意义的传统节日、重大历史事件、纪念日等,组织开展形式多样、内容丰富的活动,如在新中国成立60周年之际对学生进行爱国教育，在妇女节、清明节进行感恩教育等；通过"美德好少年"的评选活动，激发全体学生争当好少年、学习好少年。让中华传统美德植根于每一位少先队员心中，表现在日常行为中。今年，学校重点开展"传承红色经典，创建先锋中队"活动，91个中队的学生在学校组织下"从小学先锋"，讲好先锋故事，传承先锋精神。通过宣讲、制作手抄报等形式培养孩子们的思想政治意识，让孩子们"长大做先锋"。多样的大队活动，细化了学校"慧爱雅行"德育品牌。

（二）橙色教育，奠定德育之基础

安全教育是学校工作的重中之重。安全教育活动重在预防，贵在坚持。为了让孩子们时刻保持着对安全的"橙色预警"，树立安全第一的思想，学校将利用升旗仪式、班队会、晨会、红领巾小广播等多种形式向队员们宣传安全知识，增强安全意识。每学期至少举行一次安全演练活动，增强队员们的自我保护意识，提高队员们面对灾难的应急能力，让"生命的意义"时刻印在每个孩子心头。

（三）绿色行动，引领德育教育思想

学校通过红领巾广播、校报、升旗仪式、班会的宣传，让队员们发现绿色、热爱绿色、保护绿色；让学生参与到学校绿化植物的栽种、垃圾分类等管理活动中去，在活动中培养自己"爱绿护绿"的意识，并将这种意识化为行动，通过自己的一言一行，从身边的小事做起，切实做到爱护校园、保护环境。同时，学校注重培养学生的劳动意识，通过开辟"两园三场一馆"，开展"风味国城，每日一菜"直播活动等，让学生从小树立劳动最光荣的意识。

（四）青色书籍，书写德育教育蓝图

与书相伴如影随形。学校积极开展"读书无边界"活动，积极组织教师、学生参与全国"百班千人"大阅读活动，通过主题阅读课的构建，提高学生系统阅读的理解能力和分析能力。为使学生受益最大化，学校自编校本教材"七日阅读"，保障每位学生人手一本。孩子们将自己最喜欢的篇目拍成小视频参加学校的"你读我诵，声声传颂"活动，学校"青青草悦读社""爱阅团"等学生阅读组织随之建立。学校还长期举办"亲子共读"活动，每周六学校图书馆全天对外开放，家长和学生一起书海畅游。通过共读名著、鉴赏美文，提升家长与学生的阅读品位和文化素养，形成"腹有诗书气自华"的气质。

（五）金色心灵，描摹德育教育风景

学校注重志愿服务建设，引导学生用爱心润德，用善心育思。城阳区国城小学"汇爱"志愿者服务队，成立于2018年1月20日，现已吸引志愿者上万人，建立了"汇爱基金""动感中队""暖冬行动"等多个项目，引领学校乃至全区孩子们用爱来浇灌责任。"动感中队"的国城宝贝们常利用课余时间奔走在敬老院、康复中心，用行动诠释担当；每年学校的"暖冬行动"更是吸引了大批的志愿者参与其中，为甘肃陇南等贫困地区的孩子们捐款捐物……爱心与责任，总在国城小学流转，德育教育的花朵在国城人心中绽放。

附

录

荣誉

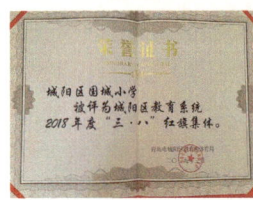

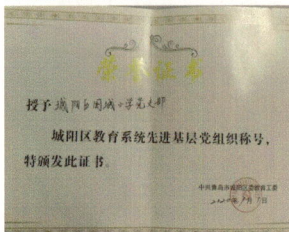

青岛市教育局
青岛市总工会 文件

青教通字〔2022〕127号

关于公布青岛市首批
中小学生涯教育实践基地的通知

2021年度"山东省中小学健康教育典型"评选名单

著名单！青岛101所学校拟获评
一个"项目示范学校

2022年青岛市中小学心理健康教育示范校、优秀校名单公示

拟认定的2018年全国青少年校园足球特色学校名单

关于做好"科创筑梦"助力"双减"科普行动"试点工作的通知

青岛市第三批社会主义核心价值观
建设示范点名单

中共青岛市委宣传部

20所中小学被评为青岛市甲骨文特...

2021年青岛市甲骨文特色学校名单

青岛市实验高级中学
山东省青岛第六十七中学
青岛宁夏路第二小学
青岛重庆路第三小学
青岛湖岛小学
青岛启元小学
青岛北山小学
青岛市崂山区育才学校
青岛市崂山区中韩小学
北京师范大学青岛城阳附属学校
青岛市城阳区实验小学
青岛市城阳区国城小学
胶州市第七中学

"青岛市优秀少先队集体"候选名单

青岛市"雷锋学校"名单
（10所）

国城赋

浩浩黄河，千百里奔来，可见滴泉涓露？

泱泱华夏，五千年延续，须知薪火传承！

庠序校塾，融贯古今，兹有名校，谓之国城。国者，紫气东来之地也，慧及西南北；城者，风雅照拂之属也，辉自日月星！

乙未之春，秋阳之旁，立校伊始，肇始初创。坐拥胶澳风物盛景，沐浴华夏文明宏光，育建功立业之人才，播四海盛名之远扬。感怀国之大计，勿忘城之培养，巍巍之校拔地起，"国城"美名传城阳。

匾额已定，福祉坐拥。六载之力，幼笋已成篁，百舸争流，千帆竞向上。阔步校园，书声琅琅；林翳翙跸，欢雀集翔。

回望来时之路，筚路蓝缕，莫敢相忘。新校初成，甚嚣尘上。"慧爱"思想，迎难而上，以吾辈之大爱，申之以孝悌大义，终成风雅之姿。虽遇前路之荆棘，然初心始终，莫问前程。骄哉！美哉！秉慧爱之思，承风雅之姿，熙熙昊昊，国城三景，一派大雅之学府气象！

清风徐来，银杏飞舞，飘飘乎如冯虚御风，而不知其所止。流水潺潺，和煦悠悠，高楼之巍峨，校园之雅致，国城之一景也。

百千学子，济济一堂。少年好学，斗志昂扬，谨庠序之教，继孔圣主张，不忘殷殷教诲之意，一心难忘。以耕学之力，驰骋赛场，发奋以图强，国城之二景也。

师风高昂，意气扬扬。传道授业，根本不忘。桃李既已天下，堂前又种何花。仰之弥高，钻之弥坚，浩浩乎如长江之流水，巍巍乎如泰山之松木，树高千寻，花开万里，国城之三景也。

古之教者，家有塾，党有庠，术有序，国有学。庠序之教，开民化智。泽被万代，流芳百世。今有国小，励志而行，六载风华，荣光而归。百鸟争鸣于苍翠，万蕾吐蕊在原野。以汗血成千秋史，以赤城立万代功，譬万钧之洪钟，终无铮铮之细响，教育之长旗，亦无战战之旗手。唯愿以我之躯，以国城之力，为天地立心，为生民立命，为往圣继绝学，为万世开太平！

有感于怀，夜作其赋，赞诗一首，躬荐兹心：

传薪续火古今同。慧爱风雅自始终。

有教无类人为本，无家不望子成龙。

腾飞欲借点睛笔，起伏还凭造化功。

学子扬帆征远地，国城不吝赐东风。

后记

扎根国城小学教育管理岗位上，观师生、观家校、观校园，8年光阴弹指一瞬，内心颇多情愫想诉诸笔端。借此书，静下来慢慢沉淀自己。

多年养成的习惯，喜欢读书，喜欢写点文字，记录工作，感悟生活，用心勾勒着我视野与思维所及的每一道风景，积累下来，也有可观的数量。本书可以说是我对8年教育活动的基本总结，涵盖学校理念、教师发展和教育实践等方面。其间既有踌躇满志，也有失误教训，更重要的是，它饱含着我对教育从未褪去的热情。

书稿交付之时，8年来所经历的诸多艰辛与收获，不时浮现于脑海中。回望走过的路，我无怨无悔；对于国城家人们给予的关爱和帮助，我心怀感恩。故而，本书之付梓，算是对家人们的一种慰藉，也是对我从教生涯的一个小结，更是对自己教育观念的一次审视与校正。

尽管数易其稿，反复推敲，仍难免疏漏与不妥，敬请批评指正。

谨以此，为后记。